AF312614

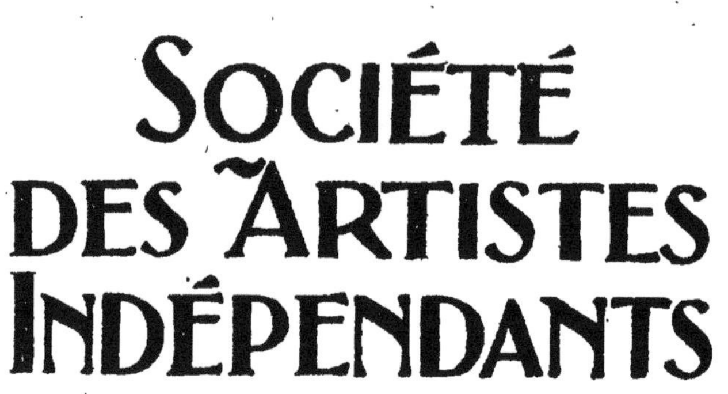

SOCIÉTÉ
DES ARTISTES
INDÉPENDANTS

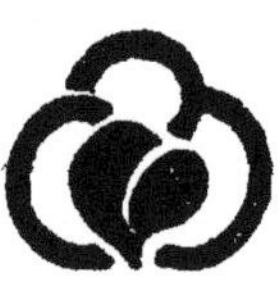

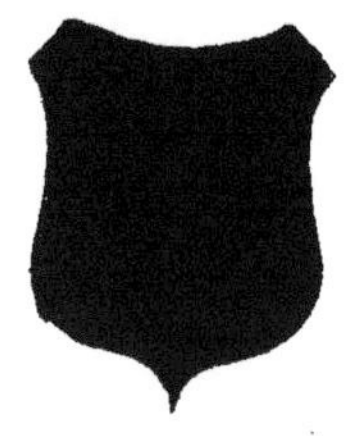

CATALOGUE
DE LA
32ᵐᵉ EXPOSITION
19   21

SOCIÉTÉ

des

"ARTISTES INDÉPENDANTS"

Fondée en 1884

"NI JURY NI RÉCOMPENSES"

32ᵉ EXPOSITION

AU

GRAND PALAIS DES CHAMPS-ÉLYSÉES

(Avenue Victor-Emmanuel III)

---

du **23 Janvier** *au* **28 Février**

° 1921 °

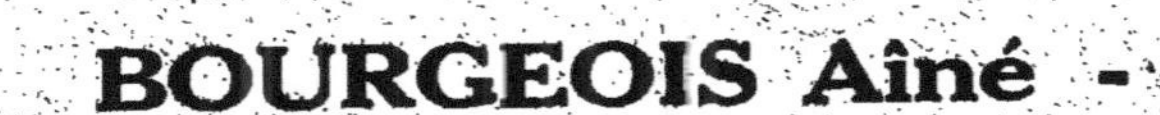

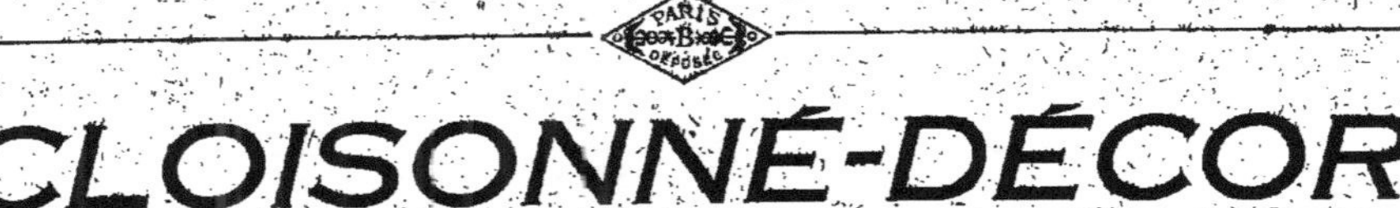

BOURGEOIS Aîné - PARIS

CLOISONNÉ-DÉCOR

Nouvelle décoration des métaux repoussés donnant le relief par un procédé presque mécanique et rehaussant le métal d'émaux à froid qui lui donne un cachet aussi nouveau qu'artistique.

Le même procédé s'applique au bois en combinaison avec la pyrogravure et présente de très intéressantes applications sur verre, poterie, etc.

Demander la Notice, avec prix

COULEURS superfines pour l'Aquarelle, la Gouache, la Miniature.

PASTELS tendres pour Artistes.

COULEURS superfines broyées à l'huile pour le Tableau.

FOURNITURES et MATÉRIEL d'ARTISTES

18, Rue Croix-des-Petits-Champs.

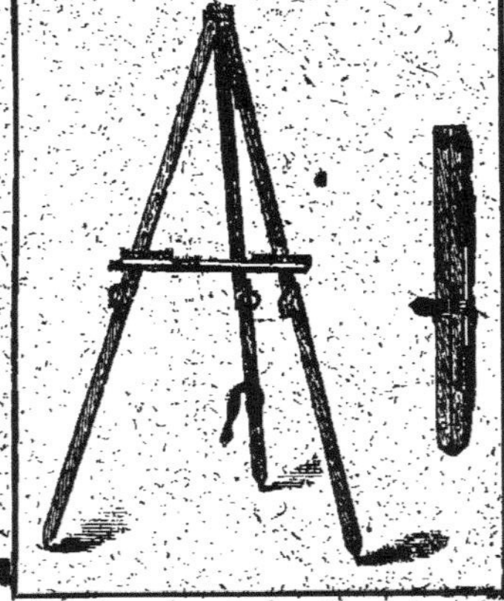

LE
PRINTEMPS

MEUBLE, INSTALLE, DÉCORE
EN TOUS STYLES

Sa Collection de **TAPIS d'ORIENT**

est la PLUS COMPLÈTE

et la PLUS BELLE

· 1884 ·

La Société des
" Artistes Indépendants "
basée sur la suppression des Jurys
d'admission, a pour but de permettre aux
Artistes de présenter librement
leurs œuvres au jugement
du Public.

· 1921 ·

SOCIÉTAIRES DÉCÉDÉS

MEMBRES FONDATEURS

DUBOIS-PILLET, décédé le 17 Août 1890.
VALTON, ancien Président, décédé le 27 Août 1910.

MORTS POUR LA FRANCE
1914-1919

BAUDOT (Emile).
BAUDET (Mme Marie).
BERTEAUX (René).
BIGOT (Charles).
BINARD (Jean).
BLIVES (Roger de).
CARNIEL (Richard).
CARON (Georges).
DELCOURT.
DELAUNAY (Pierre).
DELUC (Gabriel).
DESTREM (Jean).
DOUCET (Henri).
DUCHAMP-VILLON (Raymond).
ESMEIN (Maurice).
FILLEY (Georges).
FLORÈS (Ricardo).
FONTENAY (Charles de).
FOURNIER (Marcel).
GEORGET (Henri).
GOOD (Charles).
GUÉDON.
GUIET (Jean).
JOURDAIN-LEMOINE (André).
LEDERER (Jacques).
LOCQUIN (Maurice).
MARTIN (Albert).
MONTALBAN (Jean).
NICOD (Eugène).
PICHON (Alfred).
PÉGOT-OGIER (Jean).
SCHNERB (Jacques).
TROYEN (Michel).
VAN COPPENOLLE (Jacques).

Décédés en 1920

DESCUDÉ (Cyprien), le 3 Août.
FAUCONNET (Guy-Pierre), le 5 Mars.
GARDENTY (Georges).
KAUFFMANN (Philippe).
MADELINE (Paul).
MODIGLIANI (Amédée), en Janvier.
RENAUDOT (Paul), le 26 Octobre.

SOCIÉTÉ

des

"ARTISTES INDÉPENDANTS"

MEMBRES D'HONNEUR :

BÉRARD (Léon).

BONNIER (Louis).

CHÉRIOUX (Adolphe).

COCHIN (Baron Denys).

ESCUDIER (Paul).

GEFFROY (Gustave).

GIGUET (Honoré).

LÉON (Paul).

MELLERIO (André).

MERCEREAU (Alexandre).

POIRY (E.-J.).

SAINSÈRE (Olivier).

SARRAUT (Albert).

SEMBAT (Marcel).

TUROT (Henri).

MEMBRES FONDATEURS en Juin 1884 :

SÉGUIN (Arsène).

JAUDIN (Henri).

SIGNAC (Paul).

Trésorier Honoraire :

PÉRINET. (Louis).

Secrétaire Honoraire :

SÉGUIN (Arsène).

COMITÉ

BUREAU :

Président :
Paul SIGNAC, 14, rue La Fontaine (16e).

Vice-Présidents :
Maximilien LUCE, 102, rue Boileau (16e).
Luc-Albert MOREAU, 15, rue du Cherche-Midi (6e).

Secrétaire général :
Charles IGOUNET de VILLERS, 77, rue Dareau (14e).

Trésorier :
André LÉVEILLÉ, 18, boulevard Magenta (10e).

Secrétaire rapporteur :
Charles JACQUEMOT, 10, rue Seveste (18e).

Membres :

Paul DELTOMBE, 49, rue Beaunier (14e).
Edouard DOMERGUE-LAGARDE, 13, rue du Dragon (6e).
Dunoyer de SEGONZAC, 66, rue de Rennes (6e).
Victor DUPONT, 2, passage Dantzig, (15e).
Mathurin JANSSAUD, 15, impasse du Mont-Tonnerre (15e).
Fernand LÉGER, 86, rue Notre-Dame-des-Champs (6e).
André LHOTE, 38 *bis*, rue Boulard (14e).

Jean MARCHAND, 73, rue Caulaincourt (18e).
Jean METZINGER, 121, avenue Félix-Faure (15e).
Léon PARENT, 9, rue des Apennins, (17e).
Carlos REYMOND, 7, rue Daru (8e).
Georges SCHREIBER, 3, rue Jules-César (12e).
André TURIN, 12, rue des Pyramides (1er).
Alexandre URBAIN, 21, quai Bourbon (4e).

Commissariat de l'Exposition :
Mathurin JANSSAUD, 15, Impasse du Mont-Tonnerre (127, rue de Vaugirard, 15e).
Victor DUPONT, 2, passage Dantzig (15e).
André LÉVEILLÉ, 18, boulevard Magenta (10e).

Organisation des Séances de Musique, Littérature et Danse :
Carlos REYMOND, 7, rue Daru (8e).

Conseil juridique :
Me Gustave FORTIER, avocat à la Cour d'Appel, 22, rue Gay-Lussac (5e).
Me Eugène CAHON, avoué de 1re Instance, 25, rue Gay-Lussac (5e).

Service de vente :
ROBERT-GAUDEFROY, 37, rue Gros (16e).

Comptabilité :
Julien LAGOUTTE, 41, rue de l'Échiquier (9e).

SIÈGE SOCIAL :

18, Rue Mazarine, PARIS (VIe)

Permanence tous les samedis de 2 heures à 5 heures, sauf pendant l'Exposition et les mois de juillet, août et septembre.
Pendant l'Exposition, adresser toute la correspondance au Grand-Palais.

············· **SÉANCES** ·············
de
MUSIQUE, LITTÉRATURE et DANSE
Organisateur : Carlos REYMOND

Tous les Mardis, Jeudis, Samedis et Dimanches, à 2 h. 1/2 précises.

Jeudi 27 Janvier 1921

"L'Œuvre des Écrivains avant et après 1914". Conférence par M. Gaston PICARD.

Lecture de pages d'André ARNYVELDE, Henri BARBUSSE, Nicolas BEAUDUIN, Pierre BENOIT, Roland DORGELÈS, Henri DUTHEIL, Gabriel-Tristan FRANCONI, Louis de GONZAGUE-FRICK, André LAMANDÉ, Pierre MAC ORLAN, Paul REBOUX et Charles MULLER, Jacques ROUJON, Sylvain ROYER et Robert VEYSSIÉ.

Par Mmes Jeanne DORYS, FRANCONI, Suzanne MÉTHIVIER, Henriette SAURET, Suzanne TESSER, Cœcilia VELLINI.

Et MM. Louis BOURNY et Pierre MARNÈS.

Samedi 29 Janvier

Séance de Musique Moderne. Œuvres de Claude DEBUSSY, Edouard FLAMENT, Sylvio LAZZARI, Jacques de la PRESLES, Albert ROUSSEL, Erik SATIE, Marcel TOURNIER, etc.

Interprétées par Mlle Alice MERKEL, MM. BARRAINE de l'Opéra (violoncelle), Edouard FLAMENT (piano), Pierre FOL (violon), Pierre JAMET (harpe), MANOUVRIER (flûte), MURANO (chant), et la *Société Moderne de Musique de Chambre*.

Dimanche 30 Janvier

Séance littéraire, musicale et chorégraphique organisée par *"La Nouvelle Revue Française"*, avec le concours de Mme ARMEN OHANIAN, la Danseuse Persane, et de Mme Marie KALFF.

Mardi 1er Février

Séance musicale sous le patronage de la Revue *Les Lettres Parisiennes* :

1o *Sonate* (piano et violon)	E. Kornauth
2o a) *Mélodies*.	Igor Stravinsky
b) *Priaboutky*.	

M. KOUBITZKY

3o a) *Danse*.	Carol Bérard
b) *Danse*.	E. Fromaigeat

Mme Jeanne RONSAY

4o Quintette à cordes.	Y. Rihouët

Le "Quatuor Français" (Mmes Léonie LAPIÉ, Colette ARDANT, Marie MUNCH, Adèle CLÉMENT) et l'Auteur.

Jeudi 3 Février

Séance musicale organisée par l'*Union des Femmes Professeurs et Compositeurs de Musique*.

Œuvres de Edward ELGAR, José-Luis LLORET, Darius MILHAUD, H. VEISTROFFER. Interprétées par Mmes M. DIENNE, R. GUILLEMOT, G. de LAGE et J. VERDEVOYE-HEUCLIN et M. Darius MILHAUD.

Samedi 5 Février

Séance Littéraire et Musicale organisée par la Revue *Les Lettres Parisiennes*.

Première Représentation de la **Tirelire empoisonnée**, pièce de M. Georges PILLEMENT.

Récital de Musique moderne : Mme Marie FRANCE de MONTAUT.

Dimanche 6 Février

Matinée Polonaise, sous le patronage de la *Société des Amis de la Pologne* :

1º Causerie sur la Musique Polonaise, par M. Edouard GANCHE, Président de la *Société F. Chopin*.

2º Mélodies chantées (en costume polonais), par Mlle Nelly EYNOLS, de l'Opéra de Varsovie.

3º M. Marcel HERWEGH, violoniste.

4º Mlle Hélène KRYZANOWSKA, pianiste.

5º Danses populaires polonaises sur des airs populaires et des mazourkas de Chopin.

Mme MIRA POPOWSKA

(Costumes créés par Mmes Nina ALEXANDROWICZ et LIPSKA).

Mardi 8 Février (Mardi-Gras)

Présentation des **FANTOCHES** créés et animés par **André FOY** et construits par **Blanche GARDAM**, avec le concours des Auteurs et de Mme Marcelle MEYER qui interprétera des pièces pour piano de DEBUSSY, AURIC, Erik SATIE.

Jeudi 10 Février

Mlle **YVONNE DAUNT**, de l'Opéra : Danses.

Samedi 12 Février

Festival **DUPARC-DEBUSSY**, avec le concours de :

Mlle Bernadette ALEXANDRE-GEORGE, pianiste.

Mlle Micheline KAHN, harpiste.

Mme Odette TALAZAC, cantatrice.

M. Jean MOURIER.

Dimanche 13 Février

Danses : Mme TOUNIA-BALKYS, avec le concours de M. J. JANIN, compositeur, et de Mme S. JANIN, cantatrice. Au piano : M. W. BER-TEVAL.

Mme TOUNIA BALKYS dansera sur des airs de BACH, BEETHOVEN, CHOPIN, GLÜCK, SCHUBERT.

Audition d'œuvres du compositeur JANIN.

Mardi 15 Février

Séance Musicale et Littéraire sous le patronage du Groupe *Idéal et Réalité*.

Œuvres de R. TAGORE, Salvator SCHIFF, dites par Mme Eve FRANCIS et M. Paul RAMEAU, de l'Odéon.

Les Compositeurs MARCILLY et J. JANIN, dans leurs œuvres, et la la Danseuse DJEMIL-ANIK.

Jeudi 17 Février

Séance de Danse : Mme Yvonne SÉRAC, avec e concours de Mlle Suzanne BOUGUET, Mlle Jeanne LELEU et M. Georges GALLIAN.

La Danse dans le Silence

Avant-propos par M. G. GALLIAN.

La Jeune Fille et l'Amour, La Prière au Soleil, Danse sauvageonne, La Belle et la Rose, L'Esclave, Danse paysanne, Danse boudeuse, Danse farouche, dansées et mimées par Mme Yvonne SÉRAC.

Poèmes de M. J. GALLIAN, dits par l'auteur et 1re audition des *Mélodies Orientales* de M. Maurice BELLECOUR, chantées par Mlle Suzanne BOUGUET, accompagnée par l'Auteur.

Samedi 19 Février

Séance de Musique moderne. — 1re partie : Œuvres d'ALBENIZ, RAVEL, A. SELLIER, IMBERT, interprétées par Mmes Adèle CLÉMENT, Hélène FAVORY et Marthe LEBASQUE. — 2e partie : Œuvres de Marcel BERTRAND, interprétées par Mlle Adèle CLÉMENT, et Henriette RENIE et MM. Jean DUHEM, CALVET, GILLES, de l'Opéra-Comique, et l'AUTEUR.

Dimanche 20 Février

Séance musicale. Festival **Albert DOYEN**, avec le concours de Mlle **M. CERATI**, cantatrice.

Mardi 22 Février

Concert hors série donné par *L'Œuvre Inédite*, (Office musical français).

L'Œuvre Inédite se propose de contribuer à la propagation des œuvres musicales modernes et éventuellement de leur placement au point de vue édition, au moyen de concerts bi-mensuels.

Œuvres de Marcel BERTRAND, HOUEGGER, Désiré PAQUE, Roger PINAU, Marcelle SOULAGE et Andrée VAURABOURG, interprétées par Mlle Adèle CLÉMENT et les AUTEURS.

Jeudi 24 Février

Séance Musicale et Littéraire sous le patronage du Groupe *La Proue*.

Avant-propos : "Disciples et Novateurs", par M. Marcel SAY.

Œuvres de CHOPIN, COUPERIN, RAMEAU, ALBENIZ, DEBUSSY, FAURÉ, GLAZOUNOW, KREISLER, interprétées par Mmes B. et M. de GUÉRALDI, MM. CAPOULADE et Raymond GAULLET.

Poésies de MM. DALGARA, Marcel SAY et Paul VIALAR, dites par Mme Gabriel-Tristan FRANCONI, MM. Jean d'YD et Marcel WIRIATH.

Samedi 26 Février

Séance de Musique moderne :

1º *Thème et Variations* . . . . Gabriel Fauré
    Mlle Simone PETIT.

2º *Fantaisie de Concert* . . . . Rimsky-Korsakow
    Mlle Régina GUILLEMOT.

3º *Mélodies Hébraïques* . . . . Ravel
    Mme Marthe LEBASQUE.

4º *Children's Corner* . . . . Debussy
    Mlle Simone PETIT.

5º *Mélodies* . . . . XXX.
    M. GILBERT-MORYN.

6º *Œuvres* de Mlles Yvonne HÉDOUX et Claude SAINT-YVES.
    avec le concours des Auteurs.

Dimanche 27 Février

1re partie :

Renée ODIC-KINTZEL et ses élèves danseront :

    La Ve partita (en *sol*) de Jean-Sébastien BACH.
    (Allemande, courante, sarabande, tempo di minuetto, passe-pied et gigue).
    La ronde "Dans l'ombre de la montagne" de Guy ROPARTZ.
    Une page d'Eric SATIE.

2e partie :

    Quintette à cordes, de Florent SCHMITT.
    Lent et grave. Animé. Lent. Animé.

    Le "Quatuor Français" (Mmes Léonie LAPIÉ, Colette ARDANT, Marie MUNCH, Adèle CLÉMENT et l'Auteur.

Le prix d'entrée du Salon donne le droit d'assister aux Séances de Musique, Littérature et Danses.

Pour le programme détaillé, consulter les affiches apposées à l'entrée du Salon.

SALLE CHAUFFÉE

Décoration de la Salle et de la Scène fournie par les **Grands Magasins du PRINTEMPS** (Atelier Primavera).

COMMISSION DE PLACEMENT

(1921)

MEMBRES TITULAIRES

PEINTRES

LADUREAU (Pierre).
PESKÉ (Jean).
ROUSTAN (Emile).
PAVIOT (Louis).
VILLARD (Robert).
ARNAVIELLE (Jean).
ALIX (Yves).
HOURTAL (Henri).
VALLÉE (Ludovic).
GIRAN-MAX (Léon).
RAMEY (Henry).
QUELVÉE (François).

BOMPARD (Pierre).
TABOURET (Emile).
BARAT-LEVRAUX (G.).
MARCOUSSIS (Louis).
Mlle BARBEY (J.-M.)
DUMONT (Pierre).
BRIAUDEAU (Paul).
LAFORÊT (Tony).
CLERGÉ (Auguste).
BERGEVIN (Albert).
LE PETIT (A.-M.).
LEFORT (Jean).

SCULPTEURS

GUÉNOT (Auguste).
HERNANDEZ (Matéo).

LIPCHITZ (Jacques).
MAISDON (P.).

SUPPLÉANTS

BISCHOFF (Charles).
HILLAIRET (Anatole).
LEJEUNE (Henri).
BACH (Marcel).
SABBAGH (G.-H.).
JAUDIN (Henri).

BOUDOT-LAMOTTE.
GROMAIRE (Marcel).
FRAYE (André).
HÉLIS (Henri).
DÉON (Georges).
COURCHÉ (Félix).

PORTAL (Emile).

- 1921 -

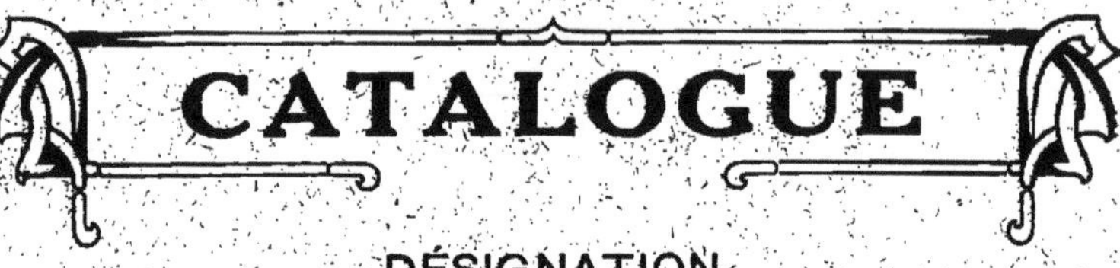

CATALOGUE

DÉSIGNATION

DES

OUVRAGES EXPOSÉS

ABADIE (Pierre), né à Paris. — 17, rue Campagne-Première, 14e.

1 L'écuyère dans sa loge.
2 La parade.
3 La chanteuse de music-hall.

ACKEIN (Marcelle), née à Alger. — 31, rue Jeanne, 15e.

4 Coin de marché à Fez.
5 Esquisse (Maroc).
6 Village du Zerhoun (Maroc).
7 Meknès.

ADRIAN-NILSSON (Gosta), né à Lund (Suède). — Suédois. — 51, avenue de l'Observatoire, 14e.

8 Marin à bord.
9 Tour Eiffel.
*10 Marin (appartient à M. Sven Blom).
11 La gare.
12 Intérieur.

Un Bureau de Vente est installé au 1er étage, près de la rotonde, côté Avenue Victor-Emmanuel III.

Tous les renseignements nécessaires à l'achat des ouvrages et prix des œuvres y seront fournis.

"ENGLISH SPOKEN"

L'astérisque * indique les œuvres qui ne sont pas à vendre.

AGARD (Charles-Jean), né à Brouillaud. — Nesles-la-Vallée (S.-et-O.).

13   Femmes au jardin.
14   La fille aux yeux bleus.
15   Paysage.
16   La veuve blanche (pastel).
17   Sous la lampe.

AGUTTE (Georgette), née à Paris. — 11, rue Cauchois, 18ᵉ.

*18   Portrait de Sir James Frazer.
*19   Aiguille du Midi.
20   Mer de glace.

AILLET (Edgard-Adrien-Jean), né à Fauze (Gers). — 2, passage de Dantzig, 15ᵉ.

21   Paysage.
22   Paysage.
23   Paysage.
*24   Portrait (pastel).
*25   Portrait (pastel).

ALATERRE (Louis-Georges), né à Châteaudun. — 9, r. Falguière, 15ᵉ.

26   Pivoines
27   Paysage du Doubs.
28   Nature morte.
29   Danseuse (pastel).
30   Esquisse décorative (pastel).

ALBERT (Maurice-Léon), né à Paris. — 13, rue Pierre-Levée, 11ᵉ.

31   Brume à Vétheuil.
32   Fleurs.
33   Automne à Haute-Islé.

ALBERT (Adolphe), né à Paris. — Les Andelys (Eure).

34   Le nouveau pont suspendu.
35   Les falaises d'Andelys.
36   Le House-boat.
37   Monotype : Les corbeaux.

ALDER (Emile), né à Zurich (Suisse). — Suisse. — 35, boulevard Rochechouart, 9ᵉ.

38   A l'ombre des tournesols.
*39   Portrait (appartient à Mme A...).
40   Marguerites.
41   Dessin.
42   Dessin.

ALEXANDROVITCH (A.-L.).— 3, villa des Fleurs, Asnières (Seine).

43 L'aube rouge.
44 Jean Jaurès.
***45** Les deux sœurs (appartient à l'auteur).

ALIX (Yves), né à Fontainebleau. — 7, rue Eugène-Flachat, 17e.

46 Le maître de moisson.
47 Peinture.

ALLARD L'OLIVIER (Fernand), né à Tournai (Belgique). — Belge.
— Maison Coccoz, boulevard de Clichy, 33 *bis*, 9e.

48 Le petit dieu.
49 Baigneuses.
50 Pochade (nu).
51 L'heure du bain (aquarelle).
52 Sur la jetée (aquarelle).

ALPHONSE (Andrée), née à Ribérac (Dordogne). — 23, rue Leverrier, 6e.

53 Jeune fille en jaune.
54 Nature morte.
55 Roses.
56 Aquarelle.
57 Aquarelle.

ALY (Gustave), né à Arras (Pas-de-Calais). — 9, rue Daviel, 13e.

58 Chapelle de la Clarté (Bretagne).
59 Intérieur de la chapelle.
60 Le moulin hanté (environs de Ploumanach).

ANDRIEUX (Alfred-Louis), né à Paris. — 42, rue Scheffer, 16e.

61 Tourrettes-sur-Loup.
62 Châlets à Vallorcine.
63 Paysage de cinéma.
64 Rencontre d'un ours près de Chamonix.

ANTEQUERA-AZPIRI (Pierre), né à Madrid (Espagne). — Espagnol.
— Calle de Guetaria, 21, San Sebastien (Espagne).

65 Alderdi-Eder (gouache).
66 Ar'antzalia (gouache).
67 Le tramway d'Hernani (gouache).

ANTRAL (Louis-Robert), né à Châlons-sur-Marne. — 14, rue Thiboumery, 15ᵉ.

68 Au dispensaire.
69 Place d'Alleray Paris.
70 La Seine, pont Mirabeau.
71 Un cadre dessins.
72 Un cadre gravures sur bois.

APCHET (Marie-Louise-Lucile), née à Paris. — 54, rue Denfert-Rochereau, 5ᵉ.

73 Une vitrine contenant :
1 soupière Strasbourg.
1 bonbonnière Marseille.
1 bonbonnière style moderne.
1 beurrier.
1 vase épis.
1 vase porcelaine.
1 sac en cuir.

ARMAND (Paul-Loys), né à Paris. — 50, rue Berthe, 18ᵉ.

74 La Seine à Suresnes (hiver).
75 Bateaux thoniers à Suresnes (hiver).
76 Rue de la Bonne (vieux Montmartre).
77 Moulin de la Galette (vieux Montmartre), aquarelle.

ARMAND-DELEY (Jeanne), née au Creusot (Saône-et-Loire). — 17, rue Saint-Senoch, 17ᵉ.

78 Portrait de jeune fille.
79 Portrait.

ARNAUD (Moïse), né à Valence (Drôme). — 6, rue de Civry, Montfermeil (Seine-et-Oise).

80 Paysage (l'hiver).
81 Moulin de Montfermeil.
82 Printemps (Montfermeil).
83 Pastorale (aquarelle), Montfermeil 1916.
84 Le grand orme (aquarelle), Montfermeil 1920.

ARRAS (Jean-Georges), né à Paris. — 34, rue Danton, Levallois-Perret (Seine).

85 Rochers couverts d'algues (Saint-Malo).
86 Retour de pêche au clair de lune.
＊87 Portrait (appartient à l'auteur).

ASTIÉ (Hector), né à Paris. — 70, r. Henri-Litolff, Colombes (Seine).

88 Danseuse (statue en pierre de Bourgogne).

ATHERTON-SMITH (David), né à Glasgow (Ecosse). — Anglais. — 63, avenue de Breteuil, 7e.

89 Paysage (Trépied).
90 Marchands arabes.
91 Scène du marché (Tunis).

AUBLET (Jacques), né à Paris. — 10, villa d'Alésia, 111 *ter*, rue d'Alésia, 14e.

92 Femme assise.
93 Paysage.

AUBRY (Georges), né à Gentilly (Seine). — 10, boul. de Clichy, 9e.

***94** La cathédrale.
***95** Vase de fleurs.
***96** Vase de fleurs.

AURISSE (Cam.), né à Paris. — 12, rue du Pont-Louis-Philippe, 4e.

97 Pudeur.
***98** Mon père (appartient à l'auteur).
99 Tête d'homme.
100 Portrait du peintre Ramey (bois gravé), 20 exemplaires Japon.
101 Portrait (bois gravé), 20 exemplaires Japon.

AZAR DU MAREST (Mlle Lœtitia), née à Marseille. — 40, rue Desaix, 15e.

102 Les réfugiés.
***103** Portrait d'un jeune Arménien (appartient à M. C...)
104 Nature morte.

BACH (Marcel), né à Bordeaux. — 7, rue Alain-Chartier, 15e.

105 Vieilles maisons du Tarn.
106 Le Tarn à la Malène.
107 Vieille église (paysage).
108 Vieilles maisons.
109 Vieilles maisons.

BAGARRY (Adrien-Pierre), né à Marseille. — Entraygues-sur-Truyère (Aveyron).

bis {
109 *a* Paysage.
109 *b* Paysage.
109 *c* Nature morte.
109 *d* Aquarelle.
109 *e* Aquarelle.

BAILEY (C.-Foster), né aux États-Unis). — Américain. — 49, boulevard Montparnasse, 14e.

110 Nature morte.
111 Nature morte.
112 Étude.

BAILLET (Charles-Elysée), né à Paris. — 25, rue du Parc-Montsouris, 14e.

113 Quai du Louvre.
114 Paysage.
115 Saint-Cast (Bretagne).
116 Dessin.

BAILLOT-JOURDAN (Cécile), née à Troyes. — 13, rue Cloître-Saint-Étienne, Troyes (Aube).

***117** Portrait (appartient à M. F...).
***118** Fleurs (appartient à M. W...).
***119** Paysage (appartient à M. W...).

BAILLY (Alice), née à Genève. — Suisse. — 166, boulevard Montparnasse, 14e.

120 Le concert dans le jardin.
121 Portrait de Mme L. B... (rythme de repos et de mouvement).
122 Portrait d'Henry Spiess.
123 Portrait.

BAILLY (Alfred), né à Châtellerault. — 43, r. Richard-Lenoir, 11e.

124 Le phare du Paon (île Bréhat).
125 Les roches roses (île Bréhat).
126 Île Bréhat.

BAILLY (Cyril), né à Arpajon. — Arpajon (Seine-et-Oise).

127 Trocadéro
128 Palais de Justice.
129 Tour Saint-Jacques.
130 Douceur de jeune fille.

BALANDE (Gaston), né à Saujon (Charente-Inférieure). — 65, boulevard Arago, 13ᵉ.

bis
- 130 *a* Le dimanche à Coubizon.
- 130 *b* Le pont Valentré, à Cahors.
- 130 *c* Village de Lautrec (Tarn).
- 130 *d* Le port de La Rochelle (dessin aquarelle).
- 130 *e* L'entrée du 123ᵉ, à La Rochelle (aquarelle).

BALLET (André-Victor), né à Paris. — 108, boul. Montparnasse, 14ᵉ.

- 131 Le Moulin de marée à Pont-Croix (Finistère).
- 132 Environs de Pont-Croix (Finistère).
- 133 Rivière d'Audierne (Finistère).
- 134 Paysage breton (peinture à la détrempe).
- 135 Paysage breton.

BARADUC (Jeanne), née à Riom (Puy-de-Dôme). — Chez Castelucho Diana, 16, rue de la Grande-Chaumière, 6ᵉ.

- 136 Fleurs.
- 137 Fruits.
- 138 Plein air.

BARAT (Edouard-Jean), né à Lille (Nord). — 41, rue Saint-Georges, 9ᵉ.

- 139 Etude.
- 140 Etude.
- 141 Etude.
- 142 Etude.
- 143 Etude.

BARAT-LEVRAUX (Georges), né à Blois. — 2, rue Aumont-Thiéville, 17ᵉ.

- 144 Paysage des Maures.
- 145 Août.
- 146 Fleurs.
- 147 Aquarelle.
- 148 Aquarelle.

BARBA (Marie), née à Marseille. — 86, rue Cardinet, 17ᵉ.

- 149 Le bénitier (crayon rehaussé).
- 150 La cigarette (crayon rehaussé).
- 151 Corbeille de roses (crayon rehaussé).
- 152 Au soleil (crayon rehaussé).
- 153 Le fétiche (crayon rehaussé).

BARBEY (Maurice), né à Paris. — 51, avenue des Gobelins, 13°.

bis { **153** *a* Peinture.
{ **153** *b* Peinture.

BARBEY (Valdo-Louis), né à Valleyres. — 1, rue des Saints-Pères, 6°.

154 Peinture.

BARBEY (Mlle Jeanne-Marie), née à Paris. — 40, rue de Paris, Bagnolet (Seine).

155 Mari-Janik.
156 Le marché.
157 Etude.
158 Gravure sur bois.
159 Gravure sur bois.

BARBEY (Lucienne), née à Paris. — 1, rue des Saints-Pères, 6°.

160 La contrebasse.

BARBIER (Yvonne), née à Rouen. — 20, rue de Sotteville, Rouen.

161 L'été aux champs (appartient à l'auteur).
162 Moisson (appartient à M. Vildrac).

BARBIER (Ernest-Jules-Louis), né à Nottonville (Eure-et-Loir). — 174, rue de Fontenay, Vincennes (Seine).

163 Le soir.
164 Matin de juin.
165 Bords de l'Yerre le matin.

BARDOU-JOB (Pierre), né à Perpignan. — Rue Saint-Martin, Prades (Pyrénées-Orientales).

166 Une vitrine contenant de la céramique.

BARJOU (Henri), né à Lesneven (Finistère). — 5, rue Victorien-Sardou, 16°.

167 Allée du Bois (aquarelle).
168 Grèves de Goulven (aquarelle).
169 Paysage breton (aquarelle).
170 Environs de Vesoul (aquarelle).
171 Vallée de l'Aisne (aquarelle).

BARON (Marcel-Julien), né à Paris. — 60, rue des Tournelles, 3°.

172 Paysage.
173 Paysage.
174 Paysage.

BARREY (Fernande), née à Paris. — 5, rue Delambre, 14e.

175 Femme au collier rouge.
176 La robe verte.
177 Les poupées.

BARRIÈRE (Georges), né à Chablis (Yonne). — 62, r. de Rébeval, 19e.

178 Paysage.
179 Paysage.
180 Paysage.
181 Aquarelle.
182 Aquarelle.

BAS (Adrien), né à Lyon. — 61, quai de Javel, 15e.

183 Portrait.
184 Paysage.
185 Paysage.
186 Paysage (pastel).
187 Paysage (pastel).

BAUBAUT (Lucien), né à Brie-Comte-Robert (Seine-et-Marne). — 14, rue Girardon, 18e.

187 *a* Le Dreystein et le mur des Païens, près du Monastère de Ste-Odile (Alsace).
187 *b* La cathédrale de Strasbourg, vue du quai St-Nicolas.
bis **187** *c* Saint-Malo (le grand Bey et le tombeau de Chateaubriand).
187 *d* Vieux Montmartre (la maison de Mimi Pinson), aquarelle.
187 *e* Etretat (la falaise), aquarelle.

BAUCHE (Léon-Charles), né à Paris. — 2, passage de Dantzig, 15e.

188 Paysage.
189 Etude.
190 Paysage normand.
191 Vallée de l'Aar, en Suisse (dessin).
192 Paysage suisse (dessin).

BAUDE-COUILLAUD (Germaine), née à Bordeaux. — 208, boulevard Jean-Jaurès, Boulogne-sur-Seine.

193 Soleil d'automne.
194 Fleurs en serre.
195 Paysage décoratif.

BAUDON (Louis-Alexandre), né à Paris. — 59, boulevard Jean-Jaurès, Boulogne-sur-Seine.

196 Dessins.
197 Dessins.
198 Dessins.
199 Dessins.
200 Dessins.

BAUDOT (Mᵁᵉ Jeanne), née à Paris. — Louveciennes (Seine-et-Oise).

201 Femme d'Orient.
202 Jeune fille kabyle (gravure).
203 Dévideuse (gravure).

BAZÉ (Odile). — 9, rue Vergniaud.

bis { **203** a Etude d'Indo-Chine.
  203 b Etude d'Indo-Chine.

BAZIN (Louis), né à Laives (Saône-et-Loire). — 17, rue Gambetta, Villeneuve-Saint-Georges (Seine-et-Oise).

204 La plaine.
205 La femme des bois.
206 Gerbes, le matin.

BEAUDIN (André-Gustave), né à Mennecy (Seine-et-Oise). — 18, place d'Italie, 13ᵉ.

207 Nature morte.
208 Les chrysanthèmes.
209 Le bassin bleu.
210 Tête de femme.
211 Tête d'enfant.

BÉCHET (Maurice), né à Paris. — 235, faub. Saint-Honoré, 8ᵉ.

212 Ariadne.
213 Fleurs et fruits.
214 Fruits et faïences.

BECKER (Georges), né à Tours (I.-et-L.). — 142, rue Clignancourt, 18ᵉ.

215 Port Henri IV (effet de neige).
216 Port des Célestins.
217 Une coupe dans la sapinière.
218 Nu (dessin).
219 La Charretterie (aquarelle).

BELL (Venessa), née à Londres. — Anglaise. — Chez Vildrac, 12, rue
de Seine, 6°.

220 Scène d'intérieur.

BÉNÉZIT (Emmanuel-Charles), né à Paris. — 11, r. Daniel-Stern, 15°.

221 Vignes en automne à Bormes (Var).
222 Vignes en automne.
223 Vignes en automne.

BÉNONI-AURAN (Benoit), né à Monteux (Vaucluse). — 12, rue
du Moulin-de-Beurre, 14°.

224 Les deux amies.
225 Provence (paysage).
226 Promenade au parc.
227 Aquarelle.
228 Aquarelle.

BEN SUSSAN (René), né à Salonique. — Ottoman. — 23, rue de
Rémusat, 16°.

***229** Portrait.
230 Nu.
231 Deux cadres contenant les 14 bois d'un album
édité.

BERGERY (Germaine), née à Paris. — 14, av. Émile-Deschanel, 7°.

232 Nature morte.
233 Nature morte.
234 Nature morte.

BERGEVIN-ALBERT (Julien-Paul), né à Avranches (Manche). —
1, rue de la Mission-Marchand, 16°.

235 Les biches.
236 Peinture.
237 Peinture.
238 Dessin.
239 Dessin.

BERGEVIN (M\ᵐᵉ Yvonne de), née à Neuilly-sur-Seine. — 5, rue
Théophile-Gautier, Neuilly-sur-Seine.

240 Tête de vieille femme.
241 Pastèque.
242 Etude.

BERGON (F.-M.), né à Narbonne. — 11, rue Simon-Dereure.

*243 Danses rythmiques (appartient à l'auteur).
244 Paysage.
245 Paysage.

BERJONNEAU (Jehan), né à Montmorillon (Vienne). — 189, rue Lafayette, 10e.

246 Soir aux environs d'Alger.
247 Côte sauvage à Tipaza (Afrique).
248 Ruines romaines à Tipaza (Afrique).

BERLIOZ (Charles), né à Rouen. — 55, rue de Dantzig, 15e.

249 Solitude à la Panne (Belgique).
250 Septembre (L'Orb et les montagnes silencieuses).
251 Environs de Lamalou (Languedoc).
252 Beethoven (lithographie).
253 La flotille à la Panne.

BERNARD (Louis-Michel), né à Marseille. — Villa Aérienne, Mustapha-Supérieur, Alger.

254 Paysage du Sahel (Alger).
255 Terrasse d'Alger.
256 Medina (Tunis).

BERNARD-TOUBLANC (Edouard), né à Amiens. — 31, rue Campagne-Première, 14e.

257 Nature morte (étain et fruits).
258 Nature morte.
259 Nature morte.
260 Les coings (tempéra).
261 Nature morte (tempéra).

BERNAUT (Edouard), né à Crayova (Roumanie). — 45, cours de Vincennes, 20e.

262 Sur l'eau.
263 Derniers rayons.
*264 Les bouleaux (appartient à M. Heurtault).
265 La migraine.
266 Etude.

BERNIÈRES-HENRAUX (Marie), née à Tientsin. — 25, rue Jasmin, 16e.

267 Jeune fille (bronze cire perdue).
268 Blessé sarde (buste plâtre teinté).
269 Le glaive (buste plâtre teinté).

BERTHÉLIER (Pierre), né à Paris. — 15, rue Cauchois, 18e.

273 Pêcheuses granvillaises.

BERTHELIN (Robert), né à Paris. — Sarcelles (Seine-et-Oise).

274 Le Muezzin.
275 Café turc.
276 Cimetière turc.

BERTHET (François-Marius), né à Lyon. — Campagne l'Enclos-Le Merlan, Marseille.

277 Le port.
278 Campagne provençale.
279 Les soleils.
280 Quartier d'usines (dessin).
281 Le port.

BERTHET (Victor), né à Paris. — 35, quai d'Anjou, 4e.

282 Le pont Marie (matinée).
283 Le pont Marie (soirée d'automne).
284 Dans les feuilles à Vigneux.

BERTHOLD-MAHN, né à Paris. — 27, rue de Seine, 6e.

***285** Le pont de St-Goustan (appartient à M. E. Blot).
286 Voiles rouges.
287 Rivière du Bono.
288 Deux arbres (plume).
289 Rue d'Auray (crayon).

BERTRAND (Elysée-Alfred-Constant), né à Nancy (Meurthe-et-Moselle). — 13, rue Paul-Albert, 18e.

290 Aquarelle.
291 Aquarelle.
292 Croquis (études).
293 Ecran (travail de tapisserie par Mme E.-R. Bertrand).
294 Figure pour fond d'étagère (travail de tapisserie par Mme E.-R. Bertrand).

BESNUS (Georges-Hippolyte), né à Paris. — 1, rue Cassini, 14e.

295 La sieste.
296 Pleine mer.
297 Sur la terrasse.
298 L'avenue (pastel).
299 L'église de Recloses (pastel).

BESSERVE (René), né à Montbéliard, (Doubs). — 79, boulevard
Beaumarchais, 3e.

300 Portrait.
301 Paysage.
302 Nature morte.
303 Dessin.
304 Dessin.

BIB, né à Paris. — 8, rue La Bruyère, 9e.

305 Mlle Cécile Sorel dans « Tartuffe ».
306 Deux filles de joie.

BIBAL (Ignace-François), né à Saint-Jean-de-Luz (Basses-Pyrénées).
— 33, rue du Dragon, 6e.

307 Dimanche d'automne au Luxembourg.
308 Derniers rayons sur les monts.
309 Les lilas.

BIEGAS (Boleslas), né en Pologne. — Polonais. — 3 bis, rue de
Bagneux, 6e.

310 L'ouragan de la Victoire.
311 Force de volonté.
312 Fleurs de lys.

BIGONET (Charles), né à Paris. — 93, rue de Vaugirard, 15e.

313 Naïlia (buste pierre).
314 Femme arabe (statuette bronze).
315 Femme kabyle (statuette bronze).

BILLETTE (Raymond), né à Paris. — 61, quai de la Tournelle, 5e.

316 Nature morte.
*__317__ Portrait de garçon (appartient à M. Zunz).
318 Nature morte.
*__319__ Le pont Marie (dessin) (appartient à M. Zunz).
320 Le pont Dauphine (dessin).

BING (Mlle Olga), née à Paris. — 7, rue de Messine, 8e.

321 Lever.
322 Poires.
323 Dahlias.

BIRKHAM-LEBEDEFF (Ira), née à Moscou. — Russe. — 15, rue
Théodule-Ribot, 17e.

324 Portrait de jeune fille.
325 Tête de jeune femme.
326 Tête de garçon.
327 Portrait de M. A.-S. L...
328 Tête d'un jeune scandinave.

BISCHOFF (Charles-Adolphe), né à Rouen. — 13, place Emile-
Goudeau, 18e, et à Champtortet (Seine-et-Marne).

bis **328** a Baigneuses.
328 b Femme endormie.
328 c Portrait de Manon B...
328 d Dessin.
328 e Dessin.

BISSIÈRE (Roger), né à Villereal. — 10, villa d'Alésia, 14e.

329 Les demoiselles à la fenêtre.
330 L'enlèvement d'Europe.
331 Peinture.

BLANCHARD (Maria), née à Santander. — Espagnole. — 21, avenue
du Maine, 14e.

332 Intérieur.
333 Figure.
334 Figure.
335 Dessin.
336 Dessin.

BLOCH (Marcel), né à Paris. — 4, faubourg du Temple, 10e.

337 Five o' clok.
338 Capucines.
339 Le papillon.
340 L'heure mauve.
341 L'heure bleue.

BLOT (Jacques-Emile), né à Paris. — 9, rue du Val-de-Grâce, 5e.

342 Baigneuses sous bois.
343 Le Pont-Neuf.
344 Etude d'arbre (crayon).
345 Allée sous bois (crayon).

BOCH (Eugène-Guillaume), né à La Louvière (Hainaut). — Belge. —
Monthyon (Seine-et-Marne).

346 Soir à Monthyon.
347 Dans les champs.
348 Au pré.

BOHDANOWIE (Zadwiga), née à Varsovie. — Polonaise. — 9, rue de la Grande-Chaumière, 6e.

bis { **348** *a* Femme nue et draperie (plâtre bas-relief).
{ **348** *b* Sculpture.

BOCHET (Etienne-Henri), né à Mézières (Ardennes). — 23, rue Pierre-Leroux, 7e.

349 Fin de jour (bords de la Meuse à Mézières).
350 Après l'orage (bords de la Seine devant Herblay).
351 Le retour du pâtre (effet de soir).
352 Après-midi d'octobre (la Seine et le Pont-Neuf à Paris).
353 Soir (le pont d'Arcole à Paris).

BOMPARD (Pierre), né à Verdun. — 6, rue de Varize, 16e.

354 Eglise de Saint-Valéry-en-Caux.
355 La chapelle du Val à Veules-les-Roses.
356 Port de Saint-Valéry-en-Caux.
357 Projet d'étoffe.
358 Projet d'étoffe.

BONHOTAL (Paul-Emile), né à Montpont (Saône-et-Loire). — 11, rue Klock, Clichy (Seine).

359 Déversoir du Moulin « Lou-Mouliot » sur la rivière l'Osse (Lot-et-Garonne).
360 Bateaux de pêche (Bretagne).
361 Léger brouillard, Grandes Dalles, le matin (Seine-Inférieure).
362 Biarritz, côte basque (aquarelle).
363 Automne, lac de Longchamp (aquarelle).

BONIN (Alexandre), né à Paris. — 16, avenue de la République, Houilles (Seine-et-Oise).

364 Paysage à Carrières-sur-Seine.
365 Nature morte.
366 Automne.
367 Sous bois.
368 Bords de Seine à Chatou.

BONNEFOY (Eugénie), née à Puiseaux (Loiret). — 91, avenue de Versailles, Thiais (Seine).

369 Sur la terrasse.
370 Les gardiennes du temple.
371 Promeneuses.

BORGET (Léon), né à Bregnier-Cordon (Ain). — 22, r. Delambre, 14e.

372 Terrassier.
373 Femme assise.
374 Joueur d'accordéon.

BOSSNARD (Rodolphe-Théophile), né à Morges (Suisse). — Suisse.
— 65, boulevard Arago, 13e.

bis { **374** *a* Portrait.
374 *b* Deux vases.
374 *c* Guitariste.
374 *d* Nu.
374 *e* Nu.

BOUDOT-LAMOTTE (Maurice), né à La Fère (Aisne). — 108, rue Olivier-de-Serres, 15e.

375 Paysage.
376 Paysage.
377 Fleurs.
378 Dessin.
379 Dessin.

BOULAN (Jean-Marie), né à Paris. — 7, rue de l'Orangerie, Versailles.

380 Le Vertugadin (parc de Versailles).
381 Le bassin des Lézards (parterre de Latone).
382 Salle des Marronniers (Grand-Trianon).
383 Versailles (pastel).
384 Versailles (pastel).

BOULANGER (Cam), né à Paris. — 48, rue des Marais, 10e.

385 Cauchemar de ma chatte.
386 Vieux marcheur (chat).
387 Sans-gêne (chats).
388 Pendant l'averse (gouache), chats.
389 Envoi de chats (gouache).

BOUQUET (Louis), né à Lyon. — 1, rue Leclerc, 14e.

390 Portrait.
391 La barque.
392 Les Champs-Elysées.
393 Portrait.
394 Les filles du Rhin.

BOURDONNAYE (Roger de la), né à Rambouillet. — 37, rue de Moscou, 8e.

 395 Ferme de Detteux (Loiret).
 396 Etang, Bois-Gibeau (Loiret).
 397 Les Si-ling, tombeau de la dynastie des Ts'ing (Chine).

BOURG (Jules-Emile), né à Metz (Moselle). — 17, rue de Draveil, Juvisy-sur-Orge (Seine-et-Oise).

 398 Coteau de Charentru.
 399 L'Orge à Epinay-sur-Orge.
 400 La Seine à Coudray-Moineau.
 401 Bords de l'Orge à Juvisy (sépia).
 402 Les fouilles à Draveil (Seine-et-Oise) (sépia).

BOURGEOIS (Alfred), né à Paris. — Chemin des Fourches, Pierre-fitte (Seine).

 403 Paysage.
 404 Paysage.
 405 Paysage.

BOURIELLO (Mme Blanche), née à Gap (Hautes-Alpes). — 9, rue Férou, 6e.

 ***406** « Et d'étranges fleurs... » (Baudelaire) (appartient à Mme F.-B...)
 407 Improvisation.
 408 Symphonie (esquisse pour fresque).
 409 Jeune fille au voile.
 ***410** Le compositeur aveugle Bouriello (appartient à l'auteur).

BOURLY (Henri), né à Paris. — 9, rue Duperré, 9e.

 411 Vendanges.
 412 Peinture.
 413 Le kimono.
 414 Dessins.
 415 Dessins.

BOUSSINGAULT (Jean-Louis), né à Paris. — 34, rue des Vignes, 16e.

 416 Peinture.
 417 Peinture.
 418 Dessin.
 419 Dessin.

BOYD (Elizabeth-Frances), née à Skelmorlie (Ecosse). — Ecossaise.
— 38, Harrington-Gardens, Londres, S. W. 7.

420 Venise (la Caserna).
421 Venise (la Barca).
422 Venise (de Bacino di San Marco).

BRABO (Albert), né à Alais (Gard). — 19, rue Mouton-Duvernet, 14e.

423 Paysage (Martigues).
424 Paysage (Martigues).
425 Paysage (Aix-en-Provence).

BREMOND (Mme Marie-Jeanne), née à Paris. — 29, r. de l'Yvette, 16e.

426 Jeune fille dans un jardin.
427 Feuilles mortes dans un vase du Japon.
428 Baigneuses.
429 Le camp anglais à Versailles, 1915 (dessin à
l'encre de Chine).
430 Blessés anglais, Trianon-Palace, 1915 (dessin à
l'encre de Chine).

BRIARD (Maurice), né à Paris. — 24, rue Mayet, 6e.

431 Etude.
432 Roses (étude).
433 Etude.
434 Danseuse grecque (étude au crayon).
435 Joueuse de flûte (étude au crayon).

BRIAUDEAU (Paul-Charles-Jean), né à Nantes (Loire-Inférieure). —
37, rue Denfert-Rochereau, 14e.

436 L'église de Prigny.
437 Les Moutiers.
438 Paysage.
439 Dessin.
440 Dessin.

BRICARD (Mlle Gertrude), née à Angers (Maine-et-Loire). — 9, rue
Bochart-de-Saron, 9e.

441 Poupées.
442 A la fenêtre.
443 Nature morte.

BRICARD (Xavier), né à Angers (Maine-et-Loire). — Villa des
Arts, 15, rue Hégésippe-Moreau, 18e.

444 Rêverie.
445 Enfant endormie.
446 Roses et vase persan.

BRIDGE (Aline-Sybil), née à Ryde (Angleterre). — Anglaise. — 63, avenue de Breteuil, 7e.

    447 Le morceau de sucre.
    448 « Yuki » (portrait).
    449 Tunis (soir).

BRIGGS (Nicol-Lucien-Gabriel-Alfred), né à Paris. — 31, rue Jeanne, 15e.

    450 Nature morte.
    451 La baie de Cassis.
    452 Femme couchée.
    453 La cour du Dragon (litho).

BRON (Achille), né à Crazannes. — Taillebourg (Char.-Inf.).

    454 Pin parasol.
    455 La voile rouge.
    456 Port de La Rochelle.

BROSSIN DE POLANSKA (Mme Henriette), née à Neuchâtel (Suisse). — Suissesse. — 15, rue du Ranelagh, 16e.

bis   **456** a Printemps.
         456 b Lavoir, à Sienne.
         456 c Nice, le matin.

BROYE (Roger de la), né à Elbeuf. — 26, rue Galvani, 17e.

    457 Paysage (Les Andelys).
    458 Paysage (Les Andelys).
    459 Paysage (Les Andelys).
    460 Paysage (Les Andelys) (pastel).
    461 Paysage (Les Andelys) (pastel).

BRUCE (Patrick-Henry), né à Virginie (Etats-Unis). — Américain. — 6, rue de Furstenberg, 6e.

    462 Peinture.
    463 Peinture.
    464 Peinture.

BRUNI (Laure), née à Liège. — Française. — 70, rue Rodier, 9e.

    465 Portrait de Jean Bastia.
    466 Fleurs.
    467 Soir d'hiver.

BUCHANAN (Minda), née au Canada. — Canadienne. — Mme Skrypitzine, née Buchanan, 1, rue de la Grande-Chaumière, 6e.

    468 Transatlantique.
    469 New-York.
    470 New-York.

BUHOT (Jean), né à Paris. — 4 *bis*, rue Gustave-Zédé, 16e.

bis {
470 *a* Le petit peintre.
470 *b* Sur le toit.
470 *c* Portrait.

BULLIO (Eugène), né à Marseille (B.-du-R.). — 10, r. de Turbigo, 1er.

471 Le pont des Arts.
472 Entrée de village.
473 Vieux grenier.
474 Pastel.
475 Pastel.

BUNOUST (Madeleine), née à Paris. — 139, boul. Malesherbes, 17e.

476 Panneau décoratif.
477 Peinture.
478 Peinture.
479 Aquarelle.
480 Aquarelle.
481 Aquarelle.

BURGUN (Georges-Marcel), né à Paris. — 42, route de Clamart, Issy-les-Moulineaux.

482 Sur la terrasse.
483 Paysage.
484 Nature morte.

BURNSIDE (Cameron), né à Londres. — 86, rue Notre-Dame-des-Champs, 6e.

485 Roses et lys.
486 Fleurs jaunes.
487 Femmes tunisiennes attendant la distribution de l'huile.
488 Notre-Dame (aquarelle).
489 Saint-Etienne-du-Mont (aquarelle).

BURTY (Frank), né à Limoges (Haute-Vienne. — Américain. — Les Capucins, Céret (Pyrénées-Orientales).

490 Paysage.
491 Portrait.
492 Nu.
493 Nature morte (dessin).
494 Pastel.

BUSSET (Maurice), né à Clermont-Ferrand. — 3, rue Racine, 6e.

495 Lutte de taureaux rouges d'Auvergne.
496 L'Allier à Vic-le-Comte.
497 L'Allier à Corent (Auvergne).
498 Paris bombardé (gravure sur bois). —
499 Paris bombardé (bois en couleurs, extraits de
    l'album), Blondel, éditeur, 7, rue St-Lazare.

BUSSIÈRE (Lucien-Jean-Alexandre), né à Paris. — 22, rue des
Corbeaux, Saint-Maurice (Seine).

500 Bois de Vincennes.
501 Bois de Vincennes.

CALASTRINI (Antoine), né à Florence. — Italien. — 134, faubourg
Poissonnière, 9e.

502 Paysanne (marbre).
***503** Portrait (plâtre) (appartient à M. X...).

CAMBIER (Louis-Gustave), né à Bruxelles. — Belge. — 28, rue De-
vergnies, Bruxelles (Belgique).

***504** Jeune femme au chapeau noir (appartient à
    M. L. G. C.).
505 Abbé breton.
506 Paysage de la Meuse.

CAMBIER (Mme Juliette), née à Bruxelles. — Belge. — 28, rue De-
vergnies, Bruxelles (Belgique).

507 Fleurs.
508 Feurs.
509 Fleurs.

CAMIN (Renée), née au Perreux. — 10, rue Hermel, 18e.

510 Le pont Marie.
511 Vieille rue à Caen.
512 Sous bois.
513 Vieux quartier de La Roche-sur-Foron.
514 Falaises de Dieppe.

CAMIS (Max), né à Levallois-Perret. — 71, rue des Batignolles, 17e.

515 La vallée de Gâcon.
516 Petite fille devant la mer.
517 Chemin creux.
518 Montmartre.
519 Enfant.

CANAUX-RAYVAN (Germaine), née à l'Isle-Adam (S.-et-O.). — 188, avenue de Neuilly, Neuilly-sur-Seine.

520 Vues de Touraine (crayons et craie).
521 Portrait d'homme (craie).
522 Projet de tapisserie (Saint-Cloud).
523 Un coin de Bagatelle (gouache).
524 Projet de tapisserie (craie).

CANTON (Emile), né à Beaujeu (Rhône). — 2, rue de l'Egalité, Vincennes (Seine).

525 Matinée d'été ensoleillée sur les bords du Guindy.
526 La ronde sous les chênes.
527 La falaise (étude).

CANU (Alexandre-Paul), né à Paris. — 45, rue Vandamme, 14e.

528 Paysage.
529 Nu.
530 Tennis.

CAPON (Georges-Emile), né à Paris. — 4, rue Camille-Tahan, 18e.

531 Marmande (paysage).
532 Marmande (paysage).
533 Paysage.

CARADEK (Mme Lucie), née à Brest. — 6 bis, rue Saint-James, Neuilly (Seine).

534 Toilette.
535 Nature morte.
536 Paysage.
537 Petit portrait (aquarelle).
538 Dessin.

CAREBUL (Mme Bl.), née à Paris. — 80, rue de l'Université, 7e.

539 Port dans l'Ile d'Oléron.
540 Versailles.
541 Versailles, pièce d'eau des Suisses.

CARETTE (Georges), né à Paris. — 6, rue Edouard-Detaille, 17e.

542 Fin d'un beau jour d'été.
543 Effet de soleil (pastel).
544 Rue Royale (pastel).

CARRÈRE (Jean-Paul), né à Bordeaux. — 4, rue Victor-Duruy, 15°.

545 L'offrande de la nature.
546 Le bain des Gopis.
547 La mort du vieux roi Norse.
548 Saint-Hubert.
549 Les rois Mages.

CARRICK-FOX (Mme Ethel), née à Londres. — Anglaise. — 65, bouvard Arago, 13°.

550 Soucis.
551 Fleurs d'automne.
552 Dans le jardin du Luxembourg.
553 Monotype.
554 Monotype.

CASTELLANOS (Charles-A.), né à Montevideo. — Uruguayen. — 8, rue de la Grande-Chaumière, 6°.

555 Thème mythologique.

CASTELUCHO (Claudio), né à Barcelone. — Espagnol. — 84, rue d'Assas, 6°.

556 Les pêcheurs.
557 Aux courses.
558 La Ramble des fleurs (Barcelone).
559 La place du village.
560 Etude de nu.

CAUDRELIER (Gérard), né à Lille. — 2, rue Aumont-Thiéville, 17°.

561 Les faubourgs à Collioure.
562 Les pivoines.
563 Moret.
564 Portrait de Mme L... (pastel).
565 Portrait de Mme T... (pastel).

CAZAUX (Edouard), né à Canneille (Landes). — 106, avenue des Deux-Stations, La Varenne-Saint-Hilaire (Seine).

566 Une vitrine contenant des céramiques.

CELLI (Elmiro), né à Voghera (Italie). — Français. — Boullay-les-Trous (Seine-et-Oise).

567 Rythme de la mer.
568 Les poules.
569 Parfums du soir.

CERNY (Charles), né à Prague (République Tchéco-Slovaque). — Tchéco-Slovaque. — 59, rue de Rennes, 6e.

570 Saint-Séverin à Château-Landon.
571 Automne.
572 Hiver.
573 La musique du Sultan du Maroc (aquarelle).
574 Maisons à Montargis (aquarelle).

CHABANE (Raoul-Martial-Léon), né à Bordeaux (Gironde). — 59, rue des Peupliers, à Billancourt (Seine).

575 Verrière-le-Buisson.
576 Fin de jour.

CHABAS-CHIGNY (Marcel), né à Brest. — 11, impasse Rousin, 15e.

bis { **576** *a* Don Juan aux Enfers (d'après Baudelaire).
{ **576** *b* Le Roi Peste (d'après Ed. Poë).

CHABAUD (Auguste), né à Nîmes (Gard). — Graveson (B.-du-R.).

577 Par la porte de la maison.
578 Par la porte de la maison.
579 Par la porte de la maison.
580 Façade en lumière (aquarelle).
581 Façade en lumière (aquarelle).

CHABRIDON (Jean-Joseph), né à Clermont-Ferrand. — 36, avenue de Châtillon, 14e.

582 L'épave (tryptique) (pastel).
583 Couchant d'automne sur la Marne.

CHALLULAU (Marcel-Henri-Emile), né à Montpellier (Hérault. — 8, rue Gramme, 15e.

584 Matin de printemps au Champ de Mars.
585 Rhododendrons.
586 Roses trémières.
587 Les genévriers (aquarelle).
588 La forêt d'oliviers (aquarelle).

CHAMERON (Andrée), née à Saint-Maur (Seine). — 53, avenue de la République, Saint-Maur (Seine).

589 Paysage (village de la Nièvre).
590 Paysage (Nièvre).
591 Nature morte.

CHAMPAVIER (Mlle Suzette), née à Paris. — 37, rue de Paris,
Charenton (Seine).

592 La villa au tulipier.
593 La haute vallée de Theys.
594 Ferme en montagne (Theys).
595 Chataignier (aquarelle).
596 Le square de Cluny (aquarelle).

CHAMPON (Edmond), né à Paris. — 18, rue Denfert-Rochereau, 5e.

597 Paysage, St-Christophe (Indre-et-Loire).
598 Fleurs et fruits.
599 Fleurs.
600 Dessins pour l'*Illustration* avec leurs réductions.
        (Cinq dessins mine charbon et quatre ré-
        ductions).
601 Vieille maison à Rouen (dessin mine charbon et
        gouache).

CHANAL (Eugène), né à Bruxelles. — Belge. — 107, rue de Paris,
à Clamart.

601 *bis* Une vitrine d'orfévrerie d'étain.

CHANTEROU (Raphaël), né à Liège. — Belge. — 22, rue Desnouettes, 15e.

602 Le caprice.
603 La cathédrale sous la neige.
604 Portrait de Mme P. Ch...
605 Dessin.
606 Dessin.

CHAPERON (Emile), né à Paris. — 94, boulevard de la Tour-Mau-
bourg, 7e.

607 Cour de ferme.
608 Bords de la Charente.
609 L'Anse rouge (Noirmoutiers).
610 Vieux lavoir.

CHAPUIS (Germaine), née à Paris. — 10, allée de la Paix, Saint-
Leu-la-Forêt (Seine-et-Oise).

611 Roses en Bretagne.
612 Géraniums en Bretagne.
613 Roses.

CHARASSON (Eugène), né à Aigurande (Indre). — Aigurande (Indre).

    614 Le matin sur la Creuse.
    615 La saison des genêts (Creuse).
    616 Printemps.

CHARAVEL (Paul-Frédéric-Antoine), né à Marseille (Bouches-du-Rhône). — 46, rue du Hameau, 15e.

    617 Eté.
    618 Coucher de soleil.
    619 Lever de soleil.

CHARBONNIER (Pierre), né à Vienne. — 13, rue de l'Ancienne-Comédie, 6e.

    620 Peinture.
    621 Peinture.

CHARCHOUNE (Serge), né à Bongonrouslan. — Russe. — 10, impasse du Maine, 15e.

    622 Cubisme ornemental.
    623 Cubisme ornemental.
    624 Cubisme ornemental.
    625 Flamme vibrante.
    626 Antigoline.

CHARLET (Albert), né à Hermaménil. — 7, rue du Dôme, 16e.

    627 Délassement.
    628 Sommeil.
    629 Sieste.
    630 Pastel.
    631 Dessin.

CHARLOPEAU (Gabriel-Louis), né à Fontenay-le-Comte. — Nieul-sur-Mer (Charente-Inférieure).

    632 Nature morte.
    633 Soir d'été à Lafont.
    634 La neige à Lafont.
    635 La prière (bois au canif).
    636 La collation (bois au canif).

CHARLOT (Louis), né à Cussy-en-Morvan. — 109, r. Cardinet, 17e.

    637 Nature morte.
    638 Paysage.

CHARON (Luc), né à Paris. — 38, rue Jacob, 6°.

639 Pommes (pastel).
640 Oranges (pastel).
641 Oignons (pastel).
642 Pommes et raisins (pastel).
643 Théière (pastel).

CHAUCHET-GUILLERÉ (Mme). — 64, rue Caumartin.

643 *bis* Objets d'art décoratif exécutés par l'atelier
« Primavera ».

CHAUMEIL (Henri), né à Gennevilliers (Seine). — 97, av. d'Italie, 13°.

644 Une vitrine contenant sept pièces faïence.

CHAUVEL (Georges), né à Elbeuf. — 5*, rue Lhomond, 5°.

645 Panneau décoratif (bas-relief).

CHAURAND (Jean-Raoul), né à Lyon. — 89, rue de Vaugirard, 6°.

****646** Portrait.
647 Paysage.
648 Paysage.
****649** Dessin rehaussé (appartient à l'auteur).
****650** Dessin rehaussé (appartient à l'auteur).

CHAUVET (Mme Odette), née à Nantes. — 19, boul. Victor, 15°.

****651** La table à ouvrage (appartient à M. Eugène
Merle).
652 Portrait.
653 Le goûter.

CHAVENON (Roland), né à Paris. — 33, rue du Champ-de-Mars, 7°.

654 Paysage.
655 Peinture.
656 Peinture.
657 Aquarelle.
658 Aquarelle.

CHAZALVIEL (Albert-Edouard), né à Paris. — 234, rue Saint-Jacques, 5°.

659 La fenêtre.
660 Sous bois.
661 Le bec de Vire.

CHÉREAU (Claude), né à Paris. — 3, boulevard Suchet, 16ᵉ.

*662 Portrait de Mᵐᵉ H...
663 Etude peinte.
664 Etude peinte.
665 Etude de femme.
666 Etude de femme.

CHÉRIANE (ex-Chérie Charlesse), née à Paris. — 34, rue Singer, 16ᵉ.

667 Coin de café.
668 Diptyque.
669 Une créole à la Havane.
670 La fin d'un repas (pastel).

CHERFILS (Jean-Baptiste-Alphonse-Marie-Christian), né à Montigny (Manche). — 41, avenue Kléber, 16ᵉ.

671 Afrique (dessin).
672 Afrique (dessin).
673 Afrique (dessin).

CHICHMANIAN (Raphaël), né à Eguine (Arménie). — Arménien. — 2, passage Dantzig, 15ᵉ.

674 Le repos du modèle.
*675 Portrait de M. G. K...
676 Le marché de Concarneau.
677 Cadre contenant des dessins décoratifs (style arménien).

CHOLLET (Marcel), né à Genève. — Suisse. — 17, rue Victor-Massé, 9ᵉ.

678 Bouquet de roses.
679 Anémones.
680 Jour de baptême.
681 Enfance de Pan (esquisse).
682 Dessus de porte (fruits) (esquisse).

CHOPARD (Gaston-Albert), né à Paris. — 35, r. des Trois-Bornes, 11ᵉ.

683 Coin de mare au printemps.
684 Troncs de saules au bord de la Molette.
685 Canards sauvages.

CHRÉTIEN (Paul), né à Paris. — 7, rue des Saules, 18ᵉ.

686 Cabaret du Lapin-Agile (vieux Montmartre, neige).
687 Le moulin de Billiers (Morbihan).
688 Rue de l'Abreuvoir (vieux Montmartre, neige).

CIOLKOWSKI, né à Paris. — 26, rue Jacob, 6e.

689 Dessin noir et blanc.
690 Dessin noir et blanc.
691 Dessin noir et blanc.
692 La Chinoise (nu en couleur).
693 La Chinoise (nu en noir et blanc).

CINGRIA (Alexandre), né à Genève. — Suisse. — Locarno, Tessin (Suisse).

694 Notre-Dame-des-Neiges.
695 Scène de théâtre espagnol.
696 Scène de théâtre espagnol.

GOSSELIN-CIZALETTI (Emilie), née à Paris. — 18, r. Tronchet, 1er.

697 Vitrine : bijoux et objets d'art.
698 Petite vitrine : tasse, couvertures.

CLAIRET (M. M.-Félix), né à Mérinchal (Creuse). — 11, rue Montessuy, 7e.

*__**699**__ Tourmente (Marine), appartient à M. N. R...)
700 Après la pluie (paysage).
701 Grand pins sous la neige.

CLAIRIN (Pierre-Eugène), né à Cambrai (Nord). — 36, rue Audigeois, Vitry-sur-Seine.

702 Peinture.
703 Peinture.
704 Peinture.

CLARIL (Mlle Suzanne), née à Paris. — 16, rue Perceval 14e.

705 Nature morte.
706 Agde.
707 Gruissan.
708 Panneau (aquarelle).
709 Panneau (aquarelle).

CLAUSS (Robert), né à Paris. — 15, rue Lepic, 18e.

*__**710**__ Rue de l'Abreuvoir (appartient à l'auteur).
711 Solitude.
*__**712**__ Le Vert Galant (appartient à l'auteur).
713 Coucous-Narcisses (aquarelle).
714 Giroflées (aquarelle).

CLAVELEIRA (Alphonse), né à Randan (Puy-de-Dôme). — 8, rue de Parme, 9e.

    715 Souvenirs...
    716 Le bon petit vin !
    717 Lecture (appartient à l'auteur).

CLAVET (Jean), né à Périgueux, 92, rue de Montreuil, 11e.

    ***718** Etude, figure (appartient à l'auteur).
    ***719** Etude, figure (appartient à l'auteur).
    ***720** La crise du tabac (appartient à l'auteur).
    ***721** Dessin en noir et coloris (onze sujets) (appartient à l'auteur).
    ***722** Dessins à la plume (figures trois sujets) (appartient à l'auteur).

CLÉMENT-RENE (Paul-Henri), né à Paris. — 14 bis (Hameau Boileau), 38, rue Boileau, 16e.

    723 L'heure du repas.
    724 Coq et poules.
    725 Séduction.
    726 Combat de coqs.
    727 En famille.

CLERGE (Auguste), né à Troyes. — 9, rue Campagne-Première, 14e.

    728 Accalmie (guerre).
    729 Marine.
    730 Nu, plein air.
    731 Le singe (aquarelle).
    732 Tête (aquarelle).

CLUZEAU (Jean-Arthur), né à Coulaures (Dordogne). — Avenue de l'Hippodrome, Champigny (Seine).

    733 Vue du bois de Vincennes.
    734 Effet de soleil.
    735 Nature morte.

CŒURET (Alfred-Léon), né à Paris. — 72, rue de Clamart, Châtillon (Seine).

    736 Bûcherons dans la forêt (la scie à quatre).
    737 Bûcherons dans la forêt (l'effort).
    738 Le repos de la promenade.
    739 Printemps.
    740 Bergère à la fontaine.

COLANGE (Gustave), né à Paris. — Château de Garnetot, par Mont-
pinçon (Calvados).

741 Chaumière fleurie.
742 Sous-bois.
743 Printemps normand.
744 Vieille maison normande (aquarelle).
745 Pont-Neuf à Paris (aquarelle).

COLIN (Roberto-Auguste), né à Saint-Louis-de-Marantrão. — Brésilien. — 70, rue Damrémont, 18e.

746 Intérieur.
747 Paysage.
748 Clair de lune.

COLIN (Paul-Emile), né à Lunéville. — 24, chemin Latéral, Bourg-
la-Reine (Seine).

749 Femme au verger.
750 Les poussins.
751 Femme en blanc.

COMMAUCHE (Jean-François), né à Paris. — 35, boulevard Bonne-
Nouvelle, 2e.

752 Les diablerets (Oberland bernois).
753 L'Oldenhorn (Oberland bernois).
754 L'Oldenhorn (Oberland bernois).
755 Etude, portrait.
756 Etude.

CONRAD-KICKERT. — 26, rue du Départ, 14e.

***757** La femme au dragon (appartient à l'auteur).
758 L'Enclos de Talou.
759 Dessin.
760 Dessin.

CONVERSE (Mme Lilly), née aux Etats-Unis. — Américaine. — Ber-
nerhof, Berne (Suisse).

761 Paysage.
762 Paysage.
763 Paysage.
764 Arbres (paysage).
765 Arbres (paysage).

H. COQ (pseudonyme), COQUEMENT (Honoré), né à Bois-le-Roi
(Seine-et-Marne). — 212, rue de Paris, Taverny (Seine-et-Oise).

766 Oranges.
767 Pêches.
768 Le soir à Auvers (S.-et-O.).

COQUERY (René), né à Boulogne-sur-Seine. — 21, rue de la Brèche-aux-Loups, 12e.

769 La femme aux bas.
770 Egoïsme.

CORFU (Georges-Félicien), né à Jonchery-sur-Vesles (Marne). — 86, rue Lamarck, 18e.

771 Chez Sacha Guitry à Yaiville.
772 Le sapin.
773 Un coin de la Jatte.
774 Fraternité.
775 Vive Sembat !

PAUL-CORNET (Paul), né à Paris. — 54, rue Mathurin-Régnier, 15e.

★776 Buste du sculpteur Adam Fischer.
777 Jeune homme.
778 Poilu aux musettes.

CORNILLEAU (Raymond), né à Paris. — 1, rue Vercingétorix, 14e.

779 Les travaux des champs.
780 Joueurs de polo.
781 L'abreuvoir.
782 Adam et Eve.
783 Danseuses.

CORNILLON-BARNAVE (Joseph), né à Marseille. — 16, rue Clavel, 19e.

784 Brodeuse (portrait).

CORPET (Etienne), né à Paris. — 158, rue de Charonne, 11e.

785 Nature morte (vasque de pêches).
786 Nature morte (livres).
787 Nature morte (poires et pêches).
788 Portrait de J.-B.-S. Chardin (lithographie).
789 Fragment de fresque de Ghiklandajo à Santa-Maria-Novella (Florence) (lithographie).

COSTA (Joaquin), né à Lézignan (Aude). — 16 bis, boulevard Saint-Jacques, 14e.

790 Charlot et Nénesse grenadiers. (bronze cire perdue).
791 Tête de femme (terre cuite).

COSYNS (François), né à Malines. — 22, rue Monsieur-le-Prince, 6ᵉ.

792 Baignade.
793 Paysage.
794 Paysage.
795 Dessin.
796 Dessin.

COUBERTIN (Marie-Marcelle de), née à Saint-Rémy-les-Chevreuse. — 9, rue Campagne-Première, 14ᵉ.

797 Nature morte.
798 Nature morte.
799 Nature morte.

COUBINE (O.), né à Bosoovitze. — Moravien. — 4, rue des Chartreux, 6ᵉ.

800 Nu.
801 Nu.
802 Nature morte.
803 Dessin.
804 Gravure.

COUDARD (Edouard-Emile), né à Brienne-la-Vieille (Aube). — 31, rue des Dames, 17ᵉ.

805 Pommes.
806 Pêches.
807 Capucines.

COUDERC (Georges), né à Paris. — 39, boul. Saint-Jacques, 14ᵉ.

808 Les rochers de Montjoie (Mortain).
809 Les bords de la Cance (Mortain).
810 Bois de Saint-Cloud.

811 Peinture décorative.
812 Fleurs.
813 Fleurs.
814 Etudes de Noirs.

COUETTAUT (Georgina), née à Saint-Cloud. — 2 *bis*, rue Coysevox, 18ᵉ. (Exposant sous le nom de Ginch DUBREUIL.)

815 Panneau impression main : L'horizon de son ange.
816 Panneau : « C'était fête dans mon cœur ».
817 Panneau : Pensée confuse.
818 Paravent : Fantaisie sur Rieu avec accompagnement de harpe.
819 Coussin : C'est autre chose.

COULET (Léon-Gabriel-Louis), né à Montpellier (Hérault). — 12, rue de l'Echiquier, 10e.

820 Le puits fleuri.
821 Le violon.
*822 Portrait de Mme C... (appartient à l'auteur).
823 L'aurore.

COULOMBIE (Robert), né à Villeneuve-sur-Lot. — 16 *bis*, rue Barada (Bordeaux).

824 Le ruisseau.
825 Bassin d'Arcachon.
826 Paysage.
827 Les Landes du Médoc.
828 Le vieux.

COULON (Henri), né à Paris. — 37, rue de Châteaudun, 9e.

829 La Creuse près de Guéret.
830 La Creuse au Pin (Indre).
831 La Creuse à Fresselines.

COURCHE (Félix), né à Paris. — 73, rue Louis-Blanc, 10e.

832 Baigneuse.
833 Tentation.
834 Vision.
835 Courtisanes (aquarelle).
836 Baigneuses (aquarelle).

COUSSEDIERE (Charles-Jean), né à Paris. — Baville, par Saint-Chéron (Seine-et-Oise).

837 Le hameau de Baville.
838 Fin d'automne (Auvergne).
839 Paysage.

COUSTURIER (Mme Henriette), née à Dijon (Côte-d'Or). — 11, boulevard de Clichy, 9e.

840 L'heure du thé.
841 Premier feu dans ma chambre.
842 Intérieur.
843 Table servie (pastel).
844 Un coin de jardin (pastel).

COUSTURIER (Lucie) — Voir n° 811.

CRISSAY (Mme Marguerite), née à Mirecourt (Vosges). — 7, rue Belloni, 15e.

845 Baigneuses dans les rochers.
846 Peinture.
847 Peinture.
848 Portrait du peintre Chavenon (dessin).
849 Portrait de jeune fille (dessin).

CRIVETZ (Alexandre), né à Bucarest. — Roumain. — 4 *ter*, rue des Ecoles, 5e.

850 La morgue.
851 Automne.
852 Eglise de St-Etienne-du-Mont.
853 L'homme en mauve.
854 La maison de Cuvier.

CRIVEZ (Paul-Théodore), né à Bucarest. — Roumain. — 4 *ter*, rue des Ecoles, 5e.

855 Francesco Cenci (tête d'expression).
856 Le désœuvré.
857 Parc solitaire.
858 Le petit Pierrot.
859 Nu.

CROZET (Maurice), né à Paris. — 44, rue des Pyrénées, 20e.

860 Etude de chat.
861 Etude de chat.
862 Etude de chat.
863 Chat dormant.
864 Chat au repos.

CYR (Georges-Albert), né à Paris. — 11, rue Alsace-Lorraine, Rouen, et 24, rue Eugène-Millon, 15e.

865 Bateau-phare et dragues au Havre.
866 La Seine à Villequier.
867 L'été.
868 Cabot de théâtre forain.
869 Fête foraine.

DACTY (Jeanne), née à Londres. — Française. — 7, boulevard de Clichy, 9e.

870 Allée.
871 Marine.
872 Paysage (pastel).
873 Paysage (pastel).
874 Paysage (pastel).

DAGNAC-RIVIÈRE (Ch.-H.-G.), né à Paris. — Moret-sur-Loing (Seine-et-Marne) :

875 La visite au Marabout.
876 Le parc abandonné.
877 La maison fermée.
878 La voisine (dessin rehaussé).
879 Les bouchers de Tanger (aquarelle).

DANNENBERG (Alice), née à Riga. — 84, rue d'Assas, 6e.

880 Au parc de Versailles.
881 Roses (nature morte).
882 Au jardin.

DANTU (Georges), né à Paris. — 14, rue Lafontaine, 16e.

883 Neige à Kasuga-Nara (Japon), crépuscule.
884 Temple de Kameido, à Tokio (Japon).
885 Cerisiers roses au Japon.
886 Glycines et fuji-yama (Japon) (pastel).
887 Cerisiers roses au Japon (pastel).

DARCHE (Thérèse), née à Bussières-les-Belmont (Haute-Marne). — 60, rue Saint-Placide, 6e.

***888** Croquis d'après nature (appartient à l'auteur).
***889** Croquis d'après nature (appartient à l'auteur).
***890** Croquis d'après nature (appartient à l'auteur).
891 Paysage (pastel).
892 Paysage (pastel).

DARME (Fernand), né à Lille. — 65, rue de la Chapelle, 18e.

893 Figurine de mode, robe du soir.
***894** Figurine de mode, bain de mer (app. à l'auteur).
895 Figurine de mode, danseuse.
896 Portrait d'enfant.
897 Figurine de mode, idée de chapeau.

DAVAUX (Robert), né à Seneffe (Belgique). — Belge. — 11, rue du Regard, 6e.

898 Une orgie gauloise.
899 La charité.
900 La scène d'un music-hall.
901 Tête de jeune fille (aquarelle).
902 Jeune fille couchée (dessin).

DAVENTURE (Henri), né à Libourne. — 140, rue François-de-Sourdis, Bordeaux.

903 Nu.
904 Composition.
***905** Portrait (esquisse) (appartient à M. T.).
906 Fleurs.
***907** Tête d'enfant (appartient à l'auteur).

DAVRAY (Mlle Eliane), née à Paris. — 18, rue Lord-Byron, 8e.

908 Chrysanthèmes.
909 Vieille rue.
910 L'église de Villers.

DAYNES-GRASSOT-SOLIN (Mme Suzanne), née à Paris. — 17, chemin des Longues-Raies, Nanterre.

***911** Mme Daynes-Grassot dans la Belle Aventure (appartient à l'auteur).
912 Rayon de soleil (nu).
913 Danseuse nue.

DAYNES (Victor-Jean), né à Colmar (Haut-Rhin). — 115, rue Bolivar, 19e.

914 Orgueil paternel.
915 Le communiqué (grande guerre 1914-1919).
916 Extraction du sable (Saint-Sébastien).

DAYOT (Magdeleine), née à Paris. — 8, boulevard Flandrin, 16e.

917 « Five o'clock ».
918 Cimetière basque.
919 Paysage (mont Pélerin).

DEBOS (Robert), né à Rouen (Seine-Inférieure). — 26, rue du Départ, 14e.

***920** Portrait de ma mère (appartient à l'auteur).
***921** Etude, portrait de M. P. (appartient à l'auteur).
922 Danseuse égyptienne.
923 Dessin.
924 Dessin.

DE BOTTON (Isy), né à Salonique. — Français. — 35, boulevard Haussmann, 8e.

925 Paysage.
926 Petit port en Provence (Martigues).
927 Paysage, usine en Provence.
***928** Portrait de Mme de H. (pastel) (appartient à l'auteur).
929 Panneau décoratif.

DEGUBRET (Yvonne), née à Paris. — 125, rue Legendre, 17e.

930 Fantaisie.
931 « Un fauve 1920 ».
932 Deux amis.
933 Un cadre de dessins (nus).
934 Un cadre de dessins avec légendes.

DELACROIX (Paul-Léon), né à Paris. — 38, rue Fessart, 19e.

935 Les galeries du parc (effet de soleil).
936 Jardin français, l'arceau blanc (effet de soleil).
937 Jardin français, l'arceau de verdure (effet de soleil).
938 Ruelle de campagne (dessin-peinture).
939 Fantaisie (dessin-peinture).

DELATOUSCHE (Germain-Eugène), né à Châtillon (Eure-et-Loir). — 31, rue Jeanne, 15e.

940 Rue du Grenier-sur-l'Eau.
941 Vieille église.
942 Les quais.
943 Etude.
944 Etude.

DELTOMBE (Mme P.), née à Pornichet. — 49, rue Beaunier, 14e, et 30, rue Lamartine, Nantes.

945 La cueillette, tapisserie.
946 Coussin, tapisserie.
947 Coussin, tapisserie.

DELTOMBE (Paul), né à Catillon (Nord). — 49, rue Beaunier, 14e, et 30, rue Lamartine, Nantes.

948 Nature morte, ovale.
949 Figure.
***950** Vue d'Oudon (appartient à l'auteur).

DELUCCHI (Pierre), né à Buenos-Aires. — Argentin. — 19, rue du Moulin-de-Beurre, 14e.

951 Le vieux « Pepe » de Tolède (Espagne).
952 Vers le soir à Ségovie (Espagne).
953 Saint-Tropez (Var).
954 Le port Saint-Tropez (aquarelle).
955 Crépuscule (eau forte) épreuve unique (Buenos-Aires).

DEMEURISSE (René), né à Paris. — 10, imp. du Mont-Tonnerre, 15ᵉ.

956 Pont des Saints-Pères.
957 Quai d'Orsay (matin).
958 Démolition du pont de la Tournelle.

DENAYER (Félix), né à Ixelles-Bruxelles. — Belge. — 33, rue du Dragon, 6ᵉ.

959 Automne.
960 Automne.
961 Le vallon.

DENIER (Jacques), né à Paris. — 117, rue Notre-Dame-des-Champs, 6ᵉ.

962 Nature morte.
963 Les cavaliers.
964 La promenade.

DENIS-VALVÉRANE (Louis), né à Manosque (Basses-Alpes). — 6, impasse La Lauzière, Asnières.

965 A Manosque.
966 Etude.
967 En Provence.

DÉON (Georges), né à Montargis. — 19, boulevard Victor, 15ᵉ.

968 La route Nationale.
969 Le village.
970 Au Luxembourg.
971 Au Luxembourg (croquis).
972 Au Luxembourg (dessin).

DERVAUX (Paul-J.-J.), né à Lannoy (Nord). — 18, rue de Tournai, Lannoy (Nord).

973 Portrait.
974 Rive française du lac Léman.
***975** Villeneuve (Suisse) le matin (appart. à Mˡˡᵉ P...).

DESCHLY (Mˡˡᵉ Irène), née à Bucarest. — Roumaine. — 40, rue Desaix, 15ᵉ.

976 Les Catalans.
977 L'aube au mont Liban.
978 L'hiver.
979* Commission arbitrale (dessin).

DESCHKOVITCH (Branko), né à Pontchischtche. — Yougo-Slave. —
18, boulevard Edgar-Quinet, 14e.

980 Cheval qui traîne.
981 Buste de femme.
982 Chien.

DESLVRE (Maurice-Henri-Victor), né à La Bove (Aisne). — 59, avenue Mozart, 16e.

983 Paysage.
984 Paysage.
***985** Portrait de Mme D... (appartient à Mme D...).

DES GARETS (Odette), née à Paris. — 72, rue Notre-Dame-des-
Champs, 6e.

986 Nature morte.
987 Paysage.
988 Paysage.

DESHAYES (Frédéric-Léon), né à Paris. — 110 *bis*, rue Mar-
cadet, 18e.

989 Nature morte.
990 Pays basque.
991 Pays basque (aquarelle).
992 Pays basque (aquarelle).

DESLIGNÈRES (André), né à Nevers. — 6, boul. de Clichy, 9e.

993 Nu.
994 Balagne (Corse).
995 Femmes corses (gravure sur bois).
996 Etude (dessin).

DESPREZ (Simone), née à Amiens. — 29, rue de la Bordère,
Neuilly-sur-Seine.

997 Etude.
998 Nature morte.
999 Nature morte.
1000 Dessin.
1001 Dessin.

DESTREM (Viollette-Antoinette), née à Paris. — 75 *ter*, avenue
Wagram, 17e.

1002 Nature morte.
1003 Fleurs.
1004 Nature morte.

DETTHOW (Eric-Otto), né à Vânersborg. — Suédois. — 41, cité Falguière, 15°.

1005 Composition.
1006 Trois femmes nues.
1007 Modèle.
1008 Composition.
1009 Femme nue.

DETRAUX (Mme Yvonne-Marcelle), née à Saint-Aubin-sur-Mer. — 83, r. Notre-Dame-des-Champs, 6°. — Atelier : 13, r. Boissonade, 14°.

1010 Nature morte.
1011 Condé-sur-Marne.
1012 Condé-sur-Marne.
1013 La Laita, au Pouldu (aquarelle).
1014 Remous (aquarelle).

DEVERIN (Roger), né à Paris. — 7, rue Daguerre, 14°.

1015 Panneau décoratif (détrempe).
1016 Paysage d'Auvergne.
1017 Port d'Elbeuf.

DEVÈZE (Fernand). — 45, rue Four-de-la-Terre, Avignon.

1018 Paysage.
1019 Paysage.

DEVILLE (Jean), né à Lyon. — 27 *bis*, avenue Montsouris, 14°.

1020 Peinture.
1021 Peinture.
1022 Peinture.

DEWIS (Louis), né à Liége. — Belge. — 28, rue Chaptal, 9°.

1023 Fin de journée.
1024 En Marne.
1025 Le canal à Chalifert.

DEYDIER (René), né à Avignon (Vaucluse). — 87, rue Denfert-Rochereau, 14°.

1026 La parade du cirque.
1027 Bal d'apaches.
1028 Nature morte.

DEZAUNAY (Guy), né à Nantes (Loire-Inférieure). — 15, première avenue Foliès, Chaillou.

1029 Noirmoutier (Loire-Inférieure).
1030 Casino de Noirmoutier.
1031 Etang de Paimpont.

DÉZIRE (Henry), né à Libourne. — 10, rue Perceval, 14e.

1032 Nature morte.
1033 Petit paysan (Bretagne).
1034 Marchands de chevaux (Bretagne).

DIAZ DE SORIA (Robert), né à Bordeaux. — 66 *bis*, rue des Aubépines, Bois-Colombes (Seine).

1035 Paysage.
1036 Etude.
1037 Etude.
1038 Illustrations pour la vie des Saints.
1039 Illustrations, Saint-Jullien-l'Hospitalier.

DIGNIMONT (André), né à Paris. — 70, boul. Edgar-Quinet, 14e.

1040 14 juillet au quartier Réservé.
1041 Patrouille rue Bouterie.
1042 Peinture.
1043 Beuglant à Limoges (aquarelle).
1044 Flirt (aquarelle).

DILIGENT (Raphaël), né à Flize (Ardennes). — Rue Antoinette-Labour, Dampmart (Seine-et-Marne).

1045 Vasque (plâtre).
1046 Petit Jean (portrait plâtre).
1047 Fillette (portrait plâtre).
1048 Dessin.
1049 Dessin.

DOBRÉE (Valentine), née à Cannanore (Inde). — Anglaise. — 12, Lyndhurst Rd Hampstean London N W 3.

1050 Les trois sœurs.
1051 Eve.

DODEL-FAURE (Valentine), née à Issoire (Puy-de-Dôme). — La Sauvetat (P.-de-D.).

bis {
1051 *a* Eté.
1051 *b* Automne.
1051 *c* Printemps.

DOLBEAU (Gaston), né à Linas (Seine-et-Oise). — 2, rue Thiers, Le Vésinet (Seine-et-Oise).

1052 La Seine à Chaton.
1053 Paysage sur la Scarpe, près d'Arras.
1054 Il a neigé.
1055 Hôtel de Ville d'Arras.
1056 Un portail de la cathédrale de Reims.

DOLLIAN (Guy-Louis), né à Paris. — 29, rue Caulaincourt, 18°.

1057 Au Moulin de la Galette.
1058 La promenade.
1059 Au Moulin de la Galette (gravure sur bois).
1060 Sur les vers d'André Salmon : «Ton âme est la
mosquée blanche élue pour mes prières » etc.
(gravure sur bois).

DOMERGUE-LAGARDE (Edouard), né à Valence-d'Agen. — 13, rue
du Dragon, 6°.

1061 Peinture.
1062 Peinture.
1063 Peinture.
1064 Dessin.
1065 Dessin.

DONAS (Tour), né à Anvers. — Belge. — 26, rue du Départ, 14°.

1066 Emotion d'infini.
1067 Candeur.
1068 Grandeur et simplicité.
1069 D'après deux femmes.
1070 D'après une femme.

DONGEN (Kees VAN), né à Rotterdam. — Hollandais. — 29, villa
Saïd, 16°.

***1071** Les ténébreux (appartient à M. X...).

DONILO, né à Tulle. — 22, rue Denfert-Rochereau, 14°.

1072 Portrait de Pierre Chanlaine.
1073 La jolie fleur.
1074 Projet d'affiche.
1075 En auto.
1076 Espagnole.

DORÉ (Geneviève), née à Paris. — 107, avenue Henri-Martin, 16°.

1077 Un coin de bibliothèque, avec mon chien.
1078 La Seine à Samois.
1079 Une route normande.
1080 Ma gouvernante (aquarelle).
1081 Petite fille algérienne (aquarelle).

DROIN (Jacques), né à Joigny (Yonne). — 91, rue de Longchamp, 16°.

1082 Gravure sur bois.
1083 Gravure sur bois.

DROUART (Raphaël-Maurice), né à Choisy-le-Roi. — 5, rue François-Guibert, 15e.

1084 Les Thalysies.
1085 Composition.
1086 Dessin.
1087 Dessin.

DROUET-CORDIER, né à Paris. — 24, rue de la Folie-Méricourt, 11e.

1088 Enfant au bord de la mer.
1089 Fillette sur la plage.
1090 Le rocher de Baynac.
1091 Femme à la cruche.
1092 Tête de bedouine.

DUBRET (Henri), né à Dijon. — 1, rue d'Hauteville, 10e.

***1093** Les Murets (paysage).
***1094** Jeune fille au collier.
***1095** Paysage de Villers-sur-Mer.
1096 Une vitrine bijoux.

DUBREUIL (Pierre), né à Quimper (Finistère). — Galerie Barbazanges, 109, faubourg Saint-Honoré, 8e.

***1097** Nu dans un paysage (appart. à M. Barbazanges).
***1098** Nature morte (appartient à MM. Barbazanges).
***1099** Poissons (appartient à MM. Barbazanges).
***1100** Paysage (dessin rehaussé) (appartient à MM. Barbazanges).
***1101** Nu (dessin rehaussé) (appartient à MM. Barbazanges).

DUCHEMIN (Mathilde), née à Lyon (Rhône). — 27, quai de la Tournelle, 5e.

1102 Croquis d'enfant (pastel).
***1103** Silhouette (pastel).
***1104** Silhouette de jeune fille (pastel).
1105 Sur la plage (croquis au pastel).
1106 Têtes d'enfants (croquis au pastel).

DUFOUR (Eugène-François), né à Paris. — 6, rue de La Michodière, 2e.

1107 Sur une tombe isolée au pays des batailles.
1108 Coin de Marne, à La Varenne.
1109 Rue du Mont-Cenis, vieux Montmartre.

DUFRÊNE (Michel), né à Saint-Laurent-les-Mâcons. — 7, rue Campagne-Première, 14e.

1110 Le visage penché (détrempe à la cire).
1111 Traversée de Paris à la nage (détrempe à la cire).
1112 Le héros mort, poème de Gilgamès (détrempe à la cire).

DUFRESNE (Charles), né à Millemont (Seine-et-Oise). — 33, quai d'Anjou, 4e.

1113 Le chasseur.
1114 Nature morte.
1115 Dessin.
1116 Dessin.

DUHAUPAS (Maurice), né à Paris. — 15, rue Racine, 6e.

1117 Le petit pont, à Montbrison.
1118 Nu.
1119 Automne.
1120 Douleur.

DULAC (Guillaume), né à Fumel (L.-et-G.). — 26, rue Pigalle, 9e.

1121 Paysage.
1122 Paysage.
1123 Nature morte.
1124 Nu.
1125 Nu.

DU MARBORÉ, né à Paris. — 164, rue Saint-Maur, 11e.

1122 Portrait du peintre Germain Delatousche.
1123 Nature morte.
1124 Nus (sanguines).
1125 L'enfant voué au bleu (peinture à la colle d'une seule teinte).
1126 Tête de femme (sanguine).

DUMAS (Jean-Baptiste), né à Lyon. — 64, rue des Vignes, 16e.

1127 Paysage.
1128 Paysage de Saône.
1129 Nature morte.
***1130** Portrait du poëte G. Lorin.
1131 Portrait de femme.

DUMONT (Pierre), né à Paris. — 1, rue d'Orchampt, 18e.

1132 Nature morte.
1133 Nature morte.
1134 Paysage.

DUMONT (Henri), né à Bordeaux. — 17, faubourg Montmartre, 9e.

1135 Fin d'automne au bois.
1136 Le sentier fleuri, à Port-Villez.
1137 Roches à contre lumière.
1138 Aquarelle.
1139 Aquarelle.

DUNLAP (Mme Helena), née à Los Angeles (Californie). — Américaine. — Chez M. L. Lefebvre-Foinet, 19, rue Vavin, 6e.

1140 L'orpheline.
1141 Etude de fleurs.
1142 Fontaine, Versailles.

DUNOYER DE SEGONZAC (André), né à Boussy. — 13, rue Bonaparte, 6e.

1143 Peinture.
1144 Peinture.
1145 Dessin.
1146 Dessin.

DUPONT (Victor), né à Boulogne-sur-Mer. — 2, pas. de Dantzig, 15e.

1147 Peinture.
1148 Peinture.
1149 Peinture.
1150 Dessin.
1151 Dessin.

DUREL (Gaston-Jules-Louis), né à Gaillac (Tarn). — 44, rue Damrémont, 18e.

1152 Le repos au jardin.
1153 La Fontaine Nedjarine, à Fez (Maroc).
1154 Porte arabe et palais du Sultan, à Fez (Maroc).
1155 Aquarelle marocaine.
1156 Projet décoratif.

DURENNE (Eugène-Antoine), né à Paris. — Saint-Pierre-du-Vauvray (Eure), et chez MM. Durand-Ruel, 16, rue Laffitte, 9e.

1157 Fillette lisant.
1158 Nature morte: le vase bleu.
1159 Le voilier.
1160 Effet de neige (gouache).
1161 La vallée (gouache).

DOUROUZE (Daniel), né à Grenoble. — 6, chaussée de la Muette, 16e.

1162 En montagne.
1163 Environs de Sanary.
1164 Sanary-le-Port.
1165 Marseille.
1166 Un mas provençal.

DUSSAULT (Arthur), né à Villeneuve-sur-Yonne (Yonne). — 40, avenue de Gravelle, Charenton (Seine).

1167 Aux bords de l'Yonne.
1168 Environs de Montgeron.
1169 Bois de Vincennes.

DU THOIT (Paul), né à Lille. — 18, rue La Bruyère, 9e.

1170 La victoire.

EBERL (Zdenek), né à Prague. — Tchèque. — 4, r. Camille-Tahan, 18e.

1171 Jaune-bleu.
1172 Nature morte.
1173 En Alsace.
1174 Montmartre (dessin).
1175 Montmartre (dessin).

EDELMANN (Charles-Auguste), né à Soultz-sous-Forêts (Bas-Rhin). — 18, rue des Plantes, 14e.

1176 Nature morte.
1177 Nature morte.
1178 Etude de nu.
1179 Dessin de nu.
1180 Dessin de nu.

EGGIMANN (Jules-Pierre), né à Alais (Gard). — 19, rue Mouton-Duvernet, 14e.

1181 La sieste.
1182 Guitariste.
1183 Paysage.
1184 Paysage (dessin).
1185 Paysage (aquarelle).

EINAR, né à Vejle, (Danemark). — 33, rue du Champ-de-Mars, 7e.

1186 Nature morte.
1187 Pont-Royal.
1188 Versailles.
1189 Dans un jardin (aquarelle).

EKBLOM (Gunnar), né à Kœping (Suède). — Suédois. — 6, rue Jules-Chaplin, 6e.

bis
- **1189** a Portrait.
- **1189** b Femmes espagnoles.
- **1189** c Femmes espagnoles (gravure).
- *__1189__ d Mme M... (dessin).

EKEGARDH (Hans), né à Christianstad. — Suédois. — 85, rue La-fontaine, 16e.

- **1190** Intérieur.
- **1191** Torrent.
- **1192** Intérieur.
- **1193** Jardin (aquarelle).
- **1194** Intérieur (aquarelle).

ELLI-LANGLOIS, né à Paris. — 7, rue de Bagneux, 6e.

- *__1195__ Buste de M. Marcel Cachin, député (appartient à l'auteur).
- *__1196__ Buste de Mme Nébesky (appartient à l'auteur).
- **1197** Maquette d'un monument à l'ambition.

ELSIG (Louise), née à Montbéliard. — 7, boulevard de Clichy, 9e.

- **1198** Sommeil.
- **1199** L'éventail.
- **1200** La grande Léa.
- **1201** Dos (pastel).
- **1202** Phryné (pastel).

ENTHOVEN (Laure), née à Liége. — Belge. — 19, boul. Victor, 15e.

- **1203** Portrait de Liliane.
- **1204** Les poupées.
- **1205** Tête d'enfant.
- **1206** Les pommes (gouache).
- **1207** Les porcelaines (gouache).

EPSTEIN (Henri), né à Lodz. — Russe. — 2, passage Danzig, 15e.

- **1208** Bergères.
- **1209** Baigneuses.

EQUER (Jeanne-Alphonsine-Thérèse), née à Bry-sur-Marne. — 5, rue de Luynes, 7e.

- **1210** Le coffret noir (nature morte).
- **1211** Assiette rose (nature morte).

ESTEVE (Raoul), né à Montmorillon (Vienne). — 9, rue de Clignancourt, 18°.

1212 Lapin Agile, Vieux Montmartre.
1213 La Charente en aval de Montignac.
1214 Au bord de la Charente (étude d'arbres).

FALSER (Marcel), né à Dieuze (Lorraine). — 6, rue des Ecoles, 5°.

1215 Cirque.
1216 Paturage.
1217 Cheval (étude).

FARGUE (Claire), née à Kiew. — Russe. — 7, rue de Médéah, 14°.

1218 Peinture (soir).
1219 Peinture (femme).
1220 Peinture.

FAUCONNET (Guy-Pierre), sociétaire décédé. — Mme Fauconnet,
9, rue Besson, Chelles (Seine-et-Marne).

1221 Peinture.
1222 Peinture.
1223 Peinture.

FAURE (Gabriel), né à Moulins (Allier). — 58, rue des Dames, 17°.

✳**1224** Lecture interrompue (appartient à l'auteur).
✳**1225** La chaumière abandonnée (aquarelle) (appartient à M. H. F..)

FAURE (Gabrielle), née à Lumbin (Isère). — 20, rue Cassette, 6°.

1226 Paysage.

FAVORY (André), né à Paris. — 4, villa des Camélias, 14°.

1227 Enlèvement d'Europe.
1228 Nu.
1229 Aquarelle.
1230 Aquarelle.

FEDER (Adolphe-Aizik), né à Odessa (Russie). — Russe. —48, rue
du Moulin-de-Beurre, 14°.

1231 Portrait de Mme Domin.
1232 Porteuse d'eau.
1233 Paysage.
1234 Dessin.
1235 Dessin.

FÉDIT (Gaston), né à Bordeaux. — 5, rue Guénégaud, 6e.

1236 Paysage d'automne à Gif.
1237 Vieille ferme à Gif.

FÉNARD (Gaston), né à Goupillières (Eure). — 3, rue Tarbé, 17e.

1238 Les clochards.
1239 L'Allier à Vichy.

FER (Edouard), né à Nice. — Galerie Vildrac, 11, rue de Seine, 6e.

1240 L'Oliveraie (Alpes-Maritimes).
1241 Nu sur fond rouge.
1242 Ginette.
1243 Nu (aquarelle).
1244 Nature morte (aquarelle).

FÉRAT (Serge). — 67 *bis*, boulevard Saint-Jacques, 14e.

1245 Nature morte.
1246 Nature morte.
1247 Nature morte.
1248 Paysage.
1249 Paysage.

FERNAND-TROCHAIN (Jean), né à Rueil (S.-et-O.). — 4, rue Camille-Tahan, 18e.

1250 Peinture.
1251 Paysage.
1252 Paysage.

FERNEL (Fernand), né à Bruxelles. — Belge. — 20, avenue du Chemin-de-Fer, Rueil (Seine-et-Oise).

1253 Ile de la Cité.
1254 Notre-Dame de Paris.
1255 Pont Marie.
1256 Croquis d'enfants.
***1257** Portrait de Mlle A... (appartient à l'auteur).

FÉRON (Julien), né à Saint-Jean-du-Cardonnay. — Le Houlme (Seine-Inférieure).

1258 Pommiers en fleurs.
1259 Pommiers en fleurs.
1260 Fête en Normandie.

FERRANDO (Augustin), né à Miliana (Algérie). — École municipale des Beaux-Arts, Oran (Algérie). — Actuellement chez M. Gasser, 22, boulevard Saint-Germain, 5ᵉ.

***1261** Baie d'Alger (prêté par le Dʳ G..., d'Oran).
1262 Paysage de la Mûre (Isère).
***1263** Panneau décoratif (prêté par M. Choucroun).

FERRÉ (Maxime-Emile), né à Tours (Indre-et-Loire). — 1 A Bolton Studios Redcliffe Road, South-Kensington, Londres.

1264 Femme au miroir.
1265 Femme auprès du feu.

FÈVRE (Pierre), né à Paris. — 14, rue d'Antin, 9ᵉ.

1266 Paysage (fortifs).
1267 Paysage (quais).
1268 Paysage (place de la Concorde).
1269 Dessin (croquis).
1270 Dessin (croquis).

FIEBIG (Frédéric), né en Courlande. — Russe. — 19, r. Daguerre, 14ᵉ.

1270 *a* Paysage.
1270 *b* Paysage.
1270 *c* Paysage.
1270 *d* Dessin.
1270 *e* Dessin.

FILASTRE-DUMONT (Gérard), né à Cussac (Gironde). — Cussac-en-Médoc (Gironde).

***1271** Portrait de ma mère (appartient à l'auteur).
1272 Entrée de village.

FIDRIT (Charles-André), né à Paris. — 1, rue Paul-Féval, 18ᵉ.

1273 Pêcheurs.
1274 Nature morte.

FISCHER (Ellen), née au Danemark. — Danoise. — 17, avenue du Docteur-Durand, Arcueil (Seine).

1275 Nature morte.
1276 Nature morte.
1277 Peinture.
1278 Coin du jardin (dessin).
1279 Paysage (dessin).

FISCHER (Adam), né à Copenhague. — Danois. — 17, avenue du
Docteur-Durand, Arcueil (Seine).

1280 Portrait de femme (plâtre).
1281 Maternité (plâtre).
1282 Madone (plâtre).

FLAUBERT (Louis), né à Paris. — 44, rue Daguerre, 14e.

bis
1282 a Buste capricieuse.
1282 b Haut-relief (portrait de Mme X...).
1282 c Le Poilu de France (statuette).
1282 d Glace à main.
1282 e Motif décoratif.

FLOROT (Gustave), né à Paris. — 18, rue de Chabrol, 10e.

1283 La bacchante du boulevard.

FLOURENS (Renée), née à Paris. — 47, rue de Passy, 16e.

1284 Dos.
1285 Arbre.
1286 Concarneau (la pointe).

FONSECA (Gaston de), né à Rio-de-Janeiro (Brésil). — Français. —
53, rue Beaunier, 14e.

1287 Musique antique.

FONSECA (Solange de), née à Paris. — 53, rue Beaunier, 14e.

*1288 Portrait de M. F... (appartient à l'auteur).
*1289 Tête de femme (appartient à Mme X...).
1290 Jeunes faunes.

FONTAINAS (Andrée), née à Paris. — 54, avenue de Saxe, 15e

1291 Nature morte.
1292 La sieste.
1293 Fleurs.
1294 Coussin, poissons.
1295 Coussin, fleurs.

FORNEROD (Rodolphe), né à Lausanne. — Suisse. — 3, avenue
Junot, 18e.

1296 Peinture.
1297 Peinture.
1298 Peinture.
1299 Dessin.
1300 Dessin.

FOTINSKY (Serge), né à Odessa. — Russe. — 4, rue Huyghens, 14e.

1301 Portrait du peintre Lado Goudiachvili.
***1302** Portrait du Dr A. P...
1303 Nature morte.
1304 Dessin.
1305 Dessin.

FOUCAULT (Georges), né à Montereau (Seine-et-Marne). — 22bis, avenue Carnot, à Villeneuve-Saint-Georges (Seine-et-Oise).

***1306** Nature morte avec un bouquet de printemps (appartient à M. V...).
1307 Nature morte à la soupière.
1308 Nature morte.
1309 La veillée (mine de plomb).
1310 La veillée (mine de plomb).

FOUJITA (Tsugouharu), né à Tokio. — Japonais. — 5, r. Delambre, 14e.

1311 La maison à Collioure.
1312 Fillette.
1313 Enfant et sa poupée.
1314 Boulevard Edgar-Quinet (aquarelle).
1315 Porte de Montrouge (aquarelle).

FOUQUET (Emile-Alphonse), né à Oran (Algérie). — 20, rue Durantin, 18e.

1316 Baigneuses.
1317 Square.
1318 Cruche (nature morte).

FRAISSE (Mlle Suzanne), née à Paris. — 10, avenue de la Tourelle, Saint-Mandé (Seine).

1319 Nu.
1320 Etude de caractère.
***1321** Portrait de Mme Rosette F... (appart. à l'auteur).

FRANCILLON (René), né à Lausanne. — Suisse. — 41, boulevard Saint-Jacques, 14e.

1322 Paysage.
1323 Paysage.
1324 Peinture.
1325 Dessin.
1326 Dessin.

FRANCK (Henri), né à Grenoble. — Chez M. François Flandrin, 38, rue Lépante, Nice (Alpes-Maritimes).

1327 Théâtre antique, Nice (1920).
1328 Après le bain, Nice (1920).
1329 La route aux Oliviers, Nice (1920).
1330 L'abbaye de Cimiez, vue du Pavillon, Nice (1920).
1331 Une vue du Piol, Nice (1920).

FRANÇOIS (Geo), né à Saint-Gourgon (Loir-et-Cher). — 4, rue Aumont-Thiéville, 17e.

1332 La foire.
1333 Les chèvres.
1334 Versailles.
1335 Saint-Cloud (gouache).
1336 Versailles (gouache).

FRANK-WITT, né à Nanterre. — 1, boulevard de Clichy, 9e.

1337 Le baiser.
1338 La fête de Montmartre la nuit.
1339 Le temple.
1340 Projet moderne.
1341 Projet moderne.

FRAYE (André), né à Nantes. — 19, rue Poncelet, 17e.

1342 Paysage de mer.
1343 Port de Marseille.
1344 Paysage.
1345 Dessin.
1346 Dessin.

FRÉMONT (Pierre-Louis), né à Paris. — 79, rue du Temple, 3e.

1347 Brouillard.
1348 Petit bras de Seine.
1349 Petit bras de Seine.
1350 Paysage (émail).
1351 Paysage (émail).

FRY (Roger), né à Londres. — Anglais. — Chez Vildrac, 12, rue de Seine, 6e.

1352 Paysage de Bretagne.
1353 Le pont.
1354 Nature morte.

FUERST (Walter-René), né à Vienne. — Yougo-Slave. — 17, rue
Du-Sommerard, 5e.

1355 Mur de Bretagne.
1356 Chambre meublée.
1357 Le panier de légumes.
1358 Etude de tête.
*1359 L'artiste par lui-même.

FUSS-AMORE (Elisabeth), née à Paris. — 6, rue de Chevreuse, 6e.

1360 Bal musette.
1361 Chat.
1362 Petit chat.

GABY (Jean-Baptiste-Louis-Gaston), né à Tocane-Saint-Apre (Dordogne). — 42, via Napoli, Rome (Italie).

*1363 Portrait de Mme G. G... (appartient à l'auteur).
1364 Rome, dans le Forum.
1365 Rome, dans le Forum.
1366 Prière à la Madone (aquarelle).

GAILLARD (Paul-Benoît), né à Langres (Haute-Marne). — 7, rue
Edouard-Jacques, 14e.

1367 Sieste.
1368 Eglise lorraine sous l'ondée.
1369 Paysage à Troyes.

MARCEL-GAILLARD, né à Abbeville (Somme). — 139, boulevard
Saint-Michel, 5e.

*1370 Portrait de Gabriel de Lautrec (Prince des Humoristes).
1371 Portrait de Sidi Ben Laïd.
1372 Paysage.
1373 Dessin.
1374 Dessin.

GALANIS (Démétrius), né à Athènes. — 12, rue Cortot, 18e.

1375 Paysage.
1376 Portrait de Mlle Schwarz, de l'Opéra.
1377 Peinture.
1378 Dessin.
1379 Dessin.

GALARD (Mlle Marthe), née à Bordeaux. — Lagor (Basses-Pyrénées).

1380 La neige dans le bois.
1381 Neige et grésil.
1382 Sous bois d'automne.

GALEANI (Jean), né à Montpellier. — 74, rue de Turenne, 3e.

bis { **1382** a Le pacte.
{ **1382** b L'union sacrée.

GALLIEN (Antoine-Pierre), né à Grenoble (Isère). — 8, r. Lebouis, 14e.

* **1383** Issy-les-Moulineaux (appartient à M. Tabet).
   1384 Forêt de Fontainebleau.
   1385 Forêt de Fontainebleau.
   1386 Portrait de Jo. Féray.
   1387 Coiffeuse.

GANUCHAUD (Paul), né à Paris. — 14, rue François-Guibert, 15e.

1388 Une vitrine renfermant :
« Une voix d'homme dans la nuit » ;
« L'Humanité » ;
« Tête baissée » ;
« Eclosion ».

GARDELLE (Charlotte), née à Galatz (Roumanie). — Française. — 29, boulevard des Batignolles, 8e.

* **1389** Mme et Mlle M...
   1390 Jeune fille.
   1391 Après-midi.
* **1392** Prince R...
   1393 Portrait.

GARDINER (Miss Anna), née en Angleterre. — Anglaise. — 8 bis, rue Campagne-Première, 14e.

1394 Intérieur.
1395 Moulin à Montigny.
1396 The Thames at (Chelsea).
1397 Les pommes (pastel).
1398 Chaumières en Normandie (pastel).

GARNER (Charles-J.), né aux Etats-Unis. — Américain. — American Art Association, 4, rue Joseph-Bara, 6e.

1399 Les murs de Lavardin.
1400 La Seine à Saint-Martin.
1401 Le clocher Saint-Martin.

GARNOT SAINTE-FARE (André), né à Paris. — 23, boulevard Gouvion-Saint-Cyr, 17e.

1402 Ruines antiques.
1403 Intérieur de théâtre.
1404 Segeste.

GARREAU (Georges-Raoul-Emile), né à Paris. — 143, avenue Félix-Faure, 15e.

    1405 Barques au mouillage.
    1406 La lande de Larmor.
    1407 La cale de Locmalo.
    1408 Penmarch, barques de pêche en régates (Tempera)
    1409 Rochers (Tempera).

GARY ENGEL (J.-Louis), né à Joinville. — 82, rue d'Amsterdam, 9e.

    1410 Mimosa.
    1411 Piments.
    1412 Œillets.
    1413 Chrysanthèmes.
    1414 Roses.

GASPARD-MAILLOL, né à Barcelone. — Français. — 39, rue de Taschers, Le Mans (Sarthe).

    1415 La vallée de Gacon, Etables (Bretagne).
    1416 Au bord du lavoir, Etables (Bretagne).
    1417 La vache dans la vallée, Etables (Bretagne).
    1418 Le peignoir jaune.
    1419 Femme en rouge.

GAUDEAUX (Léon), né à Blamont (Meurthe-et-Moselle). — 45, rue Vandamme, 14e.

    1420 Pont Sully.
    1421 Bord de canal.
    1422 Bord de Marne, Neuilly-sur-Marne.
    1423 Jean Jaurès (bois gravé).
    1424 Bois taillé au canif.

GAULET (Henry), né à Paris. — 84, chaussée de l'Etang, Saint-Mandé (Seine).

    1425 Sur la terrasse.
    1426 Nature morte.
    *__1427__ Portrait de M. R. O... (appartient à M. R. O..)
    1428 Paysage dans les montagnes (bois gravé).
    1429 Les bords du lac (bois gravé).

GAUTHIER-VILLARS (Yvonne), née à Paris. — 5, rue Vaneau, 7e.

    1430 Nature morte.
    1431 Nature morte.
    1432 Nature morte.

GELINET (Marcel), né à Marseille. — 18, rue du Printemps, 17°.

1433 Crépuscule.
1434 Matin.
1435 Fleurs.
1436 Nature morte.

GEORGE (Joseph-Auguste), né à Baccarat (Meurthe-et-Moselle). — 161, rue de la Chapelle, 18°.

1437 Un matin au port de Dieppe.
1438 Paysage lorrain.
1439 Un panier de fleurs.

GEORGITZ (Michel), né à Kieff. — Russe. — 72, av. de Villiers, 17°.

1440 Etude.
1441 Etude (Annecy).
1442 Etude.

GÉRAUD (Marguerite), née à Saint-Brieuc. — 57, boulevard Beau-séjour, 16°.

1443 Pavots et cuivre.
1444 La treille (paysage).
1445 Les oranges (nature morte).

GERBER (Pierre), né à Paris. — 2, rue de Ponthieu, 8°.

1446 Etude de nu.
1447 Versailles.

GERMY (Pierre-René), né à Epernay. — 7, rue Suger, 6°.

1448 Côte de la Cotentin.
1449 Matinée.
1450 Les romanichels.
1451 Sur le chemin de la vie (pastel).

GERNEZ (Paul-Elie), né à Valenciennes. — « Le Châlet », Honfleur (Calvados).

1452 Marine.
1453 Nature morte.
1454 Paysage.

GERSON (Cécile), née à Bucarest. — Roumaine. — 74, rue de Provence, 9°.

***1455** Portrait de M. A.-J. V... (appart. à M. A.-J. V...)
1456 L'éventail jaune.
1457 Blondinette (nu).
1458 Sur la terrasse.
1459 Le pont.

GHY-LEMM, né à Fontenoy-le-Château (Vosges). — 85, rue Lafon
taine, 16e.

    1460 En bateau.
    1461 Le torrent,
    1462 Paysage.
    1461 Fumerie.
    1464 Fumerie.

GILARDONI (Joseph). — 17, avenue Emile-Deschanel, 7e.

    1465 Portrait.
    1466 Etude de fleurs.
    1467 Etude de plein air.
    1468 Paravent.

GILDAS (Mme G.), née à Marseille. — 7 bis, rue Lalo, 16e.

    1469 Les champs, à Villennes-sur-Seine.
    1470 Intérieur.
    1471 La Ravine et la route de Médan, vues de la
            Trianette.
    1472 Nuages sur la rivière (pastel).
    1473 Le parc en automne (pastel).

GIL-MARCHEX (Jeanne), née à Tulle, 123, boul. Saint-Michel, 5e.

    1474 Portrait.
    1475 Portrait.
    1476 Peinture.
    1477 Dessin.

GILOT (Charles-Claude-Nicolas), né à Paris. — 5, avenue Baudoin,
Asnières.

    1478 Une matinée à Percey-le-Grand.
    1479 La rivière à Percey-le-Grand.
    1480 La brume sur l'Orne.

GIMMI (W.). — Suisse. — 41, quai d'Anjou, 4e.

    1481 La femme au châle.
    1482 Nu.
    1483 L'atelier.

GINSBOURG (David), né à Dwinsk (Russie). — Russe. — 4, rue
du Texel, 14e.

    1484 Portrait de Sacha Dilewsky (plâtre).
    1485 Nu (bois).
    1486 Portrait d'enfant (plâtre).
    1487 Café de la Rotonde (dessin).
    1488 Dessin.

GIR (Charles-Félix), né à Tours (Indre-et-Loire). — 17, rue de La Rochefoucault, 9e.

1489 Danseuses d'Opéra.
1490 Danseuses.
1491 Danseuses.
1492 Etude (pastel).
1493 Etude (pastel).

GIRAN-MAX (Léon), né à Paris. — 6, rue Coustou, 18e.

1494 Nu.
1495 Beauvoisin, dans le Gard.
1496 Paysage à Beauvoisin.
1497 Aquarelle.
1498 Aquarelle.

GLASSER (Louis-Eugène), né à Belfort. — 34, boul. Henri-IV, 4e.

1499 Marine.
1500 Pins maritimes.
1501 Marine.

GOERG (Edouard), né à Sydney. — Français. — 31, r. Lafontaine, 16e

1502 Portrait.
1503 Jeux.
1504 Le concert.
1505 Dessin.
1506 Dessin.

GOICHOT (Mme Louise), née à Paris. — 30, rue Caulaincourt, 18e.

1507 Thé au jardin.
1508 Etude.
1509 Etude.

GONDOUIN (Emmanuel), né à Versailles. — 51, rue de Passy, 16e.

1510 Enlèvement d'Europe.
1511 Etude.

GONZALEZ (Julio), né à Barcelone. — Espagnol. — 40, r. Friant, 14e.

1512 Peinture.
1513 Peinture.
1514 Peinture.
1515 Art décoratif (bronze repoussé).
1516 Art décoratif (bronze repoussé).

GOTKOVSKI (Jacques), né à Odessa. — Russe. — 2, pas. Dantzig, 15ᵉ.

1517 Les joueurs.
1518 La cotte bleue.
1519 Etude.
1520 Nu (dessin).
1521 Etude (dessin).

GOUDIACHVILI (Lado), né à Tiflis (Géorgie). — Géorgien. — 4, rue Huyghens, 14ᵉ.

1522 Bombance en plein air.
1523 Les bouviers.
1524 Dessin.
1525 Dessin.

GOUEY (Mˡˡᵉ Henriette), née à Paris. — 20, avenue de la Reine, Boulogne-sur-Seine.

1526 Oignons.
1527 Prunes violettes.
1528 Radis.

GOULLET-SIMONIN (Paul-Marie-Robert), né à Bar-le-Duc. — Villiers-sur-Marne (Seine-et-Oise).

***1529** Chair à canon ?
***1530** Révolutionnaire.
1531 L'espace.
***1532** Habitation ouvrière (perspective et plans).
***1533** Croquis.

GOURSAT (Victor), né à Périgueux (Dordogne). — 123, faubourg Saint-Honoré, 8ᵉ.

bis { **1533** *a* Portrait.
{ **1533** *b* Portrait.

GOZARE, né à Vilna (Russie). — Français. — 20, r. de la Gaîté, 14ᵉ.

1534 Nature morte.
1535 Paysage.
1536 Femme de ménage.
1537 Portrait de Mᵐᵉ D... (buste plâtre).

GRAFF (Yvonne), née à Montreuil-sous-Bois (Seine). — 86, boulevard Diderot, 12ᵉ.

1538 Etude (paysage).
1539 Etude (Pont Marie).
1540 Etude (bord du canal).
1541 Panneau décoratif (broderie points filés).

GRANCHET (André), né à Mende. — 38, rue Ramey, 18e.

1542 Paysage à Epinay.
1543 Pont d'Epinay.
1544 Bord de Seine à Epinay.
1545 Paysage à Epinay.
1546 Paysage à Epinay.

GRANDJEAN (Jehanne-Léonie), née à Paris. — 25, rue Froidevaux, 14e.

bis { **1546** a Portrait de Mlle Denyse B...
{ **1546** b Portrait de l'auteur, fantaisie empire (miniatures sur porcelaine).

GRANOVSKY (Soun), né à Ekatérinoslav (Russie). — Russe. — 28, rue Cambronne, 15e.

1547 Pastels.
1548 Pastels.
1549 Pastels.
1550 Pastels.
1551 Pastels.

GRANVAL (Charles), né à Rouen. — A la Comédie Française.

*1552 Portrait de jeune fille.
1553 Objets dans l'ombre.
1554 Fruits.

GRANZOW (Vladislav), né à Varsovie. — Polonais. — 7, boulevard Lannes, 16e.

1555 Ronde.
1556 Cabanes.
1557 Colline.

GRASSET (Albert), né à Rambouillet (Seine-et-Oise). — 17, rue Desfossez, Saint-Cloud (Seine-et-Oise).

1558 Printemps (étude).
1559 Printemps (étude).
1560 Printemps (étude).

GRASSIN (Alexandre), né à Courcival (Sarthe). — 18, rue des Loges, Montmorency (Seine-et-Oise).

*1561 Le Bélon.
*1562 Sortie du Bélon.
1563 Andilly le soir.

GRÉGOIRE (Mme Marthe-Henriette), née à Paris. — 18, rue de Médéah, 14e.

1564 Fleurs et vase en verre.
1565 Anémones.
1566 Anémones et mimosa, vase blanc.
1567 Soucis au vase chinois.
1568 Soucis.

GRELAT (René), né à Saint-Jean-d'Angély. — 35, rue Boulard, 14e.

1569 Une rue de Montmartre.
1570 Vue du jardin du Luxembourg.
1571 Baigneuses après le bain.

GRALLAN (Henri), né à Rennes. — 14, r. Edmond-Rostand, Marseille.

bis
1571 a Champ de coquelicots.
1571 b Paysage provençal.
1571 c Village provençal.

GRENIER (Albert), né à Neuilly-sur-Seine. — Villiers-sur-Morin, Montaigu (Seine-et-Marne).

*__1572__ Portrait de Mme H. G... (appartient à l'auteur).
1573 Pont de Villiers-sur-Morin (Seine-et-Marne).
1574 Les chèvres.
1575 Chinoiseries (aquarelle).
1576 Paravent (tapissé bas et derrière), l'embouchure du Trieux (Côtes-du-Nord).

GREUILLET (Mme M.), née à Paris. — 47, rue Blomet, 15e.

1577 Escargots de mer.
1578 Escargots sur un vieux livre.
1579 Etude de coquillages.

GRIBOUVAL (Auguste), né à Liége (Belgique). — Français. — 19, rue de Valois, 1er.

1580 Le laboureur.
1581 Paysage.
1582 Les moissonneurs.

GRIERSON (Mlle Margaret), née en Angleterre. — Anglaise. — 9, Gordon place, Kensington London.

1583 Chaumière, Belstone, Devon.
1584 Rochers verts et roses, Cornwall.
1585 Cascade, Okement, Devon.
1586 Crépuscule, Italie.
1587 Le pont, Love, Cornwall.

GRINHOFF (Hélène), née à Moscou. — Russe. — 10, impasse du Maine, 15e.

1588 Sculpture.
1589 Bas-relief.
1590 Bas-relief.
1591 Marqueterie.
1592 Marqueterie.

GROGNET (Amédée), né à Woincourt (Somme). — 18, rue Ernest-Cresson, 14e.

1593 Clair de lune sur la mer.
1594 Paysage de la Somme.
1595 La route de B...

GROMAIRE (Marcel), né à Noyelles-sur-Sambre (Nord). — 5, cité du Cardinal-Lemoine, 5e.

1597 Peinture.
1596 Peinture.

GUELDRY (Charles-Albert), né à Amiens (Somme). — 10, rue François-Guibert, Paris, 15e.

1598 Bords de la Seine.
1599 Fortifications (vue de Paris).
***1600** L'enfant (appartient à M. A...).
1601 Fillette en rose (pastel).
***1602** Portrait de Mme S... (pastel) appart. à Mme S...).

GUÉNOT (Maurice), né à Paris. — 6, rue de l'Aude, 14e.

1603 Le christ au temps moderne.
1604 Les trois nymphes.
1605 Les pacifiques.
1606 Dessin.
1607 Dessin.

GUÉNOT (Auguste), né à Toulouse. — 68, boul. Edgar-Quinet, 14e.

1608 Jeunesse (torse bois citron).
1609 Jeune faune (buste bois noyer).
1610 Femme à la mantille (tête étain).

GUÉRIN (Charles), né à Sens (Yonne). — 1, rue Leclerc, 14e.

1611 Repos.
1612 Amour.
1613 Colombine.

GUÉRIN LE GUAY (André), né à Paris. — 29, rue Gabrielle, 18e.

    1614 Marine.
    1615 Le pont de Bezons.
    1616 La Seine à la Garenne-Bezons.
    1617 Dessin.
    1618 Dessin.

GUILLARD (Marcel), né à Paris. — 21, rue Malar, 7e.

    1619 Sous les côteaux de Clamart.
    1620 L'âme du feu (le céramiste).
    1621 Le repos.
    1622 Un cadre contenant sept dessins et une gravure.
    1623 Un cadre contenant deux dessins et quatre aquarelles.

GUILLAUME (Georges-Charles), né à Paris. — 37, boulevard de la Liberté, Le Perreux (Seine).

    1624 Au Pardon de St-Anne-la-Palud.
    1625 La cale de Concarneau.
    1626 Barques de pêche (Douarnenez).
    1627 Sortie du port (Fécamp) (aquarelle).
    1628 Bateau camouflé (La Rochelle) (aquarelle).

GUILLAUMET (Yvonne), née à Paris. — 47, rue de Passy, 16e.

    1629 Concarneau.
    1630 Le port à Concarneau.
    1631 Boules de neige.

GUILLAUMOT (Remy-Marcellin), né à Domremy (Haute-Marne). — 63, rue de l'Amiral-Roussin, 15e.

bis   **1631** a Etude (automne).
    1631 b Etude (automne).
    1631 c Roses trémières.

GUILLON (Paul), né à Paris. — 20, boulevard Port-Royal, 5e.

    1632 Gavotte bretonne.
    1633 Batteuses au fléau.
    1634 Repos sur la grève.

GUILLOUX (Charles), né à Paris. — 26, rue de la Cour-des-Noues, 20e.

    1635 Crépuscule.
    1636 Lever de lune.
    1637 Soir.
    1638 Le vallon.
    1639 Maison bretonne.

GUINEGAULT (Georges-Pierre), né à Rennes. — 7, rue Jules-Cha-
plain, 6e.

1640 Portrait.
***1641** La côte sauvage à Port-Bara (appartient à M.
Geoffroy Devulder).
***1642** La côte sauvage, à Port-Blanc (appartient à
M. Geoffroy Devulder).

GUYOT (Georges-Lucien), né à Paris. — 13, pl. Emile-Goudeau, 18e.

1643 Portrait d'enfant.
1644 Le port de Rouen.

GYANINY (Geo), né à Paris. — 19, rue d'Orsel, 18e.

1645 Les pommiers.
1646 Maison à la vigne.
1647 Panorama sur la Creuse.

GYLDEN (Eve), née à Viborg (Finlande). — Finlandaise. — 33, rue
Delambre, 14e.

1648 Relief (La Marseillaise) d'après Isadora Duncan.
1649 Jeune Espagnol chantant (buste).
1650 Portrait.
1651 Dessins pour camées.

HAAS (Mlle Lisette), née à Paris. — 12 bis, rue Pergolèse, 16e.

1652 Nature morte.
1653 Nature morte.
1654 Nature morte.

HAINAUT (Berthe), née à Bohain (Aisne). — 41, boulevard Saint-
Jacques, 14e.

1655 Paysan breton.
1656 Communiante bigoudenne.
1657 Intérieur d'église (Finistère).
1658 Paysage breton.
1659 Intérieur de vieille chapelle bretonne.

HALICKA (Alice), née à Cracovie. — Polonaise. — 61, rue Caulaincourt, 18e.

1660 Le repas.
1661 Portrait de l'artiste.
1662 Portrait.
1663 Dessin.
1664 Dessin.

HAMEAU (Léon), né à Loos (Nord). — 5, rue Monte-Cristo, 20e.

1665 Au pâturage.
1666 Cascade de Gimel (Corrèze).
1667 Rocher de Servières et ruines de Vantadour (Corrèze).
1668 Menu (aquarelle).
1669 Menu (dessin à la plume).

HANNAIS (André), né à Paris. — 237, rue Saint-Denis, 2e.

1670 Premiers jours d'automne (bois de Valmondois).
1671 Coin de la Corrèze (effet du soir).
1672 Vieilles maisons à Brive.

HANRIOT (Eugène), né à Montreuil-sous-Bois. — 10, rue Saigné, Montreuil-sous-Bois.

1673 Sous bois.
1674 Fontenay-sous-Bois.
1675 Fontenay-sous-Bois.
1676 Vieux.
1677 Vieux.

HANRIOT (Jules-Armand), né à Arpajon. — 16, rue Choron, 9e.

1678 Dans le bleu.
1679 Huguette.
1680 Rosette.

HANRIOT (Yvonne), née à Saint-Mandé. — 19, rue St-Antoine, 4e.

1681 Nature-morte.
1682 Paysage.
1683 Église d'Arbonne.
1684 Croquis.
1685 Croquis.

HARANGER (Paul), né à Paris. — 94, rue Saint-Lazare, 9e.

1686 Port du Louvre.
1687 Quai des Grands-Augustins.
1688 Intérieur de l'église St-Gervais.
1689 Saint-Séverin.

HARKAVY (Minnie-R.), né à Dorpat. — Américain. — 26, rue du Faubourg-Saint-Jacques, 14e.

1690 Tête (bronze).
1691 Dostojewsky (pierre).
1692 Figure.

HASSELL (H.-Clements), né au Northumberland. — Anglais. — 6, Warwick Crescent London W 2.

    1693 Saint-Tropez.
    1694 Paysage (Côte d'Azur).
    1695 Le vieux port.

HASSELT (Willem-J. Van), né à Rotterdam. — Hollandais. — 1, rue Gaillard, 9e.

    1696 Portrait.
    1697 Nature morte.
    1698 Paysage.

HARRISON (Mabel), née à Haglen (Angleterre). — Anglaise. — 49, boulevard Montparnasse, 6e.

    1699 Etude.
    1700 Etude.
    1701 Etude.

HAVILAND (Marguerite), née à Jarnac (Charente). — 18, rue Greuze, 16e.

    ***1702** Paysage.
    ***1703** Paysage.
    ***1704** Pommes.

HAYDEN (Henri), né à Varsovie. — Polonais. — 205 bis, boulevard Raspail, 14e.

    1705 Le jazz-band.

HAYEM (Simone-Lucie), née à Paris. — 21, boul. Beauséjour, 16e.

    1706 La ferme de Divonne.
    1707 Divonne : les foins.
    1708 Les potiches bleues du Cours-la-Reine.

HAYNON (Paul), né à Paris. — 7, rue des Dames, 17e.

    ***1709** L'Ain près de sa source (Jura), gouache (appartient à Mlle Lina Sakhy, de l'Opéra).
    1710 La Pointe des Mèdes à Porquerolles (gouache).
    1711 Les Bains du Roi de Navarre (bords de la Baise à Nérac (Lot-et-Garonne), fusain.
    ***1712** Le Couesnon à Marcilly-sur-Eure (pastel) (appartient à Mme A. L. Sakhy).

HÉLIS (Henri), né à Romorantin (Loir-et-Cher). — 30, rue Ver-
nier, 17°.

>**1713** Fête à Saint-Cloud.
>**1714** Quai à Paris.
>**1715** Nature morte.
>**1716** Amiens (dessin).
>**1717** Amiens (dessin).

HELLESEN (Thorvald), né à Kristiania (Norvège). — Norvégien. —
8, impasse Ronsin, 15°.

>**1718** Peinture.
>**1719** Peinture.
>**1720** Peinture.

HENG (Auguste), né à La Chaux-de-Fonds. — Suisse. — 14, avenue
du Maine, 14°.

>**1721** « Léda » (plâtre).
>**1722** Femme nue (marbre, taille directe).
>**1723** Femme nue (marbre).
>**1724** Aquarelle.
>**1725** Aquarelle.

HENRICH (Gaston-Alfred), né à Paris. — 38 bis, rue Lamark, 18°.

>**1726** La Goulue (bois sculpté) taille directe.
>**1727** Bidon (terre cuite).
>**1729** Frise (l'accès au bonheur) aquarelle.
>**1730** La côte 140 à Souchez (aquarelle).

HÉRAN-CHABAN, né à Erzeroum. — Arménien. — 99, rue de
Vaugirard, 6°.

>**1731** La dame à la cape noire.
>**1732** Petit port (Bretagne).
>**1733** Paysage breton.

HÉRAULT (Madeleine), née à Versailles. — 52, rue Royale, à Versailles.

>**1734** Beynac.
>**1735** Jardin du Roi au parc de Versailles.
>**1736** L'automne au parc de Versailles.
>**1737** Vasque à l'automne à Versailles (pastel).
>**1738** Pêches (pastel).

HÉRITAGE (Violette), née à Bruxelles (Belgique). — Anglaise. —
22, boulevard du Château, à Neuilly-sur-Seine.

1739 Le collier d'ambre (nature morte).
1740 Les pensées (nature morte).
1741 Fuschias (nature morte).
1742 Vieux port (marine).
1743 Saint-Malo-le-Bey (Marine).

HERNANDEZ (Mateo), né à Bejar (Espagne). — Espagnol. — 11,
rue Larrey, 5e.

***1744** Portrait de M. Ventura Garcia Calderon.
***1745** Portrait de Mme Alvaro-Yanez (en granit noir,
taille directe, d'après nature).
***1746** Ecureuil en granit noir, taille directe d'après na-
ture (appartient à l'auteur).

HERNANDEZ-GIRO (Juan-Emilia), né à Santiago-de-Cuba. — Cu-
bain. — 32, rue La Fontaine, 16e.

1747 1916 : La vague.
1748 Habanera.
1749 Le battage en Bretagne.
1750 Ker Emma, plaine de Tréflez (Finistère).
1751 Vaches à l'abreuvoir (Bretagne).

HEROLD (Marguerite), née à Mauves-sur-Loire (Loire-Inférieure). —
48, rue Nicolo, 16e.

1752 Etude.
1753 Etude.
1754 Portrait.

HEURS (Jean d'), né à Bar-le-Duc. — 1, rue Royale, Versailles.

1755 Une tête de faune.
***1756** Un buste (portrait de M. L. M...).

HEWITT (Helen), née en Angleterre. — Anglaise. — 52, boulevard
Montparnasse, 15e.

1757 Nord-Sud.
1758 Portrait.

HILLAIRET (Anatole-Eugène), né à Chay, commune de Saujon (Charente-Inférieure). — 23, rue Turgot, 9e.

1759 Le Pont-Royal (Paris).
1760 L'église de Sauveterre (Gard).
1761 Les meules (paysage) ou le portrait de l'auteur.
1762 Vue de Cabourg (Calvados).
1763 Vue de Saujon (Charente-Inférieure).

HIRT (Marthe-Marguerite), née à Liége (Belgique). — Suissesse. — 83, boulevard Montparnasse, 6e.

> **1764** Paysage (la Loire).
> **1765** Paysage (maison au bord de l'eau).
> **1766** Etude.

HITT (Mme Lucile), née à Augusta (Géorgie). — Américaine. — 86, rue Notre-Dame-des-Champs, 6e.

> **1767** Arlequin.
> **1768** Légumes d'Afrique.
> **1769** La boîte rouge.

HJERTÉN-G (Sigrid), né à Sundswall. — Suédois. — 86, rue Notre-Dame-des-Champs, 6e.

> ***1770** Portrait de jeune fille (appartient à l'auteur).
> ***1771** Jardin (appartient à l'auteur).
> ***1772** Le thé dans le jardin (appartient à l'auteur).

HOFER (André), né à Autun (Saône-et-Loire). — Suisse. — 12, cité Riverin, 10e.

> **1773** Les captives.
> **1774** L'arche.
> **1775** La rencontre.
> **1776** Aquarelle.
> **1777** Gravure sur pierre.

HOLT (Ada-Helena), née à Londres. — Anglaise. — 14, rue Boissonade, 14e.

> **1778** Phyllis Elizabeth.
> **1779** Les petites bavardes.
> **1780** Vieille rue à Vitré.

HOREL (Eugène-Albert), né à Aubevoye (Eure). — 58, rue du Montet, Nancy (Meurthe-et-Moselle).

> **1781** Cathédrale de Metz.
> **1782** La cour du Corbeau (Strasbourg).
> **1783** Le petite France (Strasbourg).

HOUEL (Jean), né à Condé-sur-Noireau (Calvados). — 4, faubourg du Temple, 11e.

> **1784** L'homme.
> **1785** Femme (étude) (aquarelle).
> **1786** Le Golo (Corse) (aquarelle).

HOUMANS (Henri), né à Vitry-sur-Seine. — 33, avenue Bosquet, 7°.

1787 Port Saint-Nicolas.
1788 Avranches.
1789 Le grève (Avranches).

HOURTAL (Henri), né à Carcassonne. — 9, impasse de l'Enfant-Jésus, 15°.

1790 Jardin mauresque (Fez).
1791 Jardin mauresque (Fez).
1792 Jardin mauresque (Fez).
1793 Jardin du Luxembourg.
1794 Porteur d'eau fasi.

HUGARD (Salvator), né à Paris. — 52, rue La Condamine, 17°.

1795 Les confitures.

HURARD (Joseph), né à Avignon. — 24, rue des Trois-Colombes, Avignon.

1796 Route blanche en Provence.
1797 Marché à l'Isle-sur-Sorgue.
1798 Paysage provençal.
1799 Fontaine Saint-Jean (Villeneuve-les-Avignon).
1800 Porte des remparts d'Avignon.

HUYOT (Albert-Etienne-Marie), né à Paris. — 31, rue Jeanne, 15°.

1801 La maison fortifiée.
1802 Chaumières au Talou.
1803 Paysage d'automne.
1804 Les chaumières abandonnées (dessin).
1805 Nuages (dessin).

IACOVLEFF (Alexandre), né à Petrograd. — Russe. — 10, rue Say, 9°.

***1806** Portrait de Mlle B... (appartient à l'auteur).
1807 La sibylle.
1808 La rotonde.
1809 Dessin.
1810 Dessin.

ICHANSON (Mlle Marie-Anne), né à Albi (Tarn). — 32, rue Schlumberger, Colmar (Haut-Rhin).

1811 Le jardin.
1812 Paysage.
1813 Etude.

IGOUNET DE VILLERS (Charles-André), né à Paris. — 77, rue Dareau, 14ᵉ.

1814 Mer calme au soleil à Port Goulphar (Belle-Ile).
1815 Les rochers sauvages à Port-Domoy (Belle-Ile).
1816 Marée basse à Port Goulphar (Belle-Ile).
1817 Sur les fortifs, campement de chiffonniers le soir, sous la neige, à la porte d'Arcueil.
1818 Sur les fortifs : guinguette à la porte d'Arcueil.

ITSCHOC-GRUNEWALD (Ivan), né à Stockholm. — Suédois. — 86, rue Notre-Dame-des-Champs, 6ᵉ.

***1819** Femme assise (appartient à l'auteur).
***1820** Nature morte (appartient à l'auteur).
***1821** Jardin (appartient à l'auteur).

JACQUE (Louis-Gaston), né à Paris. — 6, rue Jacob, 6ᵉ.

1822 Orphée.

JACQUEMOT (Charles), né à Tours (Indre-et-Loire). — 10, rue Seveste, 18ᵉ.

1823 Le pont gothique.
1824 Le salut.
1825 La leçon de danse.
1826 Nu (sanguine).
1827 Nu (sanguine).

JACQUET (Eugène), né à Chimay (Belgique). — Belge. — Avenue de la République.

1827 *a* Pont de la Tournelle (derniers vestiges).
1827 *b* Cauchemar.
bis **1827** *c* Harmonie.
1827 *d* Usine rouge (canal St-Martin).
1827 *e* Canal St-Martin.

JACOB-HIANS (Paul), né à Paris. — 117, boul. du Montparnasse, 6ᵉ.

1828 Printemps.
1829 Portrait en gris et noir.
1830 Pensionnaires noir et vert.
1831 Sur Broadway, la nuit.
1832 The spot-light.

JAGOU (Jules), né à Brest (Finistère). — 43, rue Vital, 16ᵉ.

1833 Nu (pastel).

JANDRON (Françoise-Louise), née à Lyon. — 3, rue de Lorraine, Saint-Germain-en-Laye.

***1834** Pipo (appartient à Mme Theuriet).
1835 Nature morte.
1836 Nature morte.
1837 Paysage.
1838 Paysage.

JANSSAUD (Mathurin), né à Manosque (Basses-Alpes). —

1839 Intérieur breton.
1840 Avant le crépuscule (Concarneau).
1841 Lueurs du couchant (Concarneau).
1842 Une rue en ville close (Concarneau).
1843 Rives de Lauriec (Concarneau).

JANUSZEWSKI (Jean), né à Kolbuszowa (Pologne). — Polonais. — 86, boulevard des Batignolles, 17e.

1844 Au bord de l'eau.
1845 Paysage.

JAUDIN (Henri), membre fondateur, né à Paris. — 35, rue des Arts, Levallois-Perret.

1846 Gèdre (Hautes-Pyrénées).
1847 Laruns (Basses-Pyrénées).
1848 Environs de Foix (Ariège) (fusain).
1849 Environs de Concarneau (Finistère) (fusain).

JERMON (Maurice de), né à Paris. — 49, rue de Douai, 9e.

***1850** Buste de Mme B... (plâtre patiné).
***1851** Pépée (portrait pierre, taille directe).
1852 Pierre décorative (taille directe).
1853 Maquette exécutée pour la décoration d'un magasin d'art décoratif appliqué.

JOLLY (André), né à Charleville (Ardennes). — 10, av. Rachel, 18e.

1854 Vistale (Corse).
1855 Cargèse (Corse).
1856 Labourage en Loctudy (Bretagne).

JOSSOT (Abdoul Karim). — 5, rue Gharnoûtha, à Tunis.

bis { **1856** a La tombe du marabout.
{ **1856** b Le Ksour.
{ **1856** c Les cactus.

JOUBERT (Henri-André), né à Paris. — 2, rue de la Seine, île
Saint-Germain, Issy-les-Moulineaux (Seine).

    1857 Impression d'été au bois de Verrières.
    1858 Le pont des Moulineaux, juin (Seine.)
    1859 Le quai de Billancourt (Seine).

JOUBERT DE LA MOTHE (Pascal), né à Paris. — 104, boulevard
de Clichy, 18e.

    1860 Pastorale.
    1861 Nymphes.
    1862 Piéta.

JOUBIN (Georges), né à Digny (Eure-et-Loir). — 22, r. Tourlaque, 18e.

    1863 Nature morte.
    1864 Scène d'intérieur.
    1865 Paysage.
    1866 Paysage de Limoux.
    1867 Tête d'enfant.

JOUCLARD (Adrienne), née à Onville (Meurthe-et-Moselle). —
2, rue du Gouvernement, Versailles.

        1867 *a* Versailles.
        1867 *b* Lorraine.
bis   **1867** *c* Les peupliers (Versailles).
        1867 *d* Berbère (pastel).
        1867 *e* Lella el Kebira (pastel).

JOURDAIN (Francis), né à Paris. — 26, rue Vavin, 6e, et Galerie
Druet, 20, rue Royale, 8e.

    1868 Peinture.
    1869 Peinture.
    1870 Peinture.
    1871 Etude.
    1872 Etude.

JOUSSET (Léon), né à Montereau. — 29, rue de l'Echiquier, 10e.

    1873 Le gué de l'Orvanne à Voulx.
    1874 L'Orvanne à Voulx.
    1875 Fleurs (panneau décoratif).
    1876 Trois projets pour orner les étoffes (dessin).

JUAN (Maxime), né à Valence (Espagne). — Espagnol. — 10, rue Saint-Albin, Grand-Montrouge (Seine).

***1877** Portrait du poète Georges Turpin (appartient à M. G. Turpin).
1878 Rêverie.
***1879** Tête de l'artiste (appartient à M. Juan).
1880 Nu (étude).

JUILLERAT (Hélène), née à Moutiers. — 72, boul. Port-Royal, 5ᵉ.

1881 Pastorale d'automne (panneau décoratif).
1882 Du soleil dans les branches.
1883 Henriette.
1884 Coussin application.

JULLIA (Mᵐᵉ), voir n° 3421.

JULLIEN (Alfred), né à Paris. — 6, rue de Mainville, à Montgeron (Seine-et-Oise).

1885 Fin de journée.
1886 Rivière l'Armançon (Yonne).
1887 Rivière l'Armançon (Yonne).

JULLIOTT (Mᵐᵉ Made), née à Thomery (Seine-et-Marne). — 133, rue Lamarck, 18ᵉ.

1888 La fenaison.
1889 Un coin du vieux port.
1890 La récolte du goémon.
1891 Etude.
1892 Etude.

JUSSY (Georges), né à Paris. — 20, rue Malher, 4ᵉ.

1893 Ferme de Trivaux (Meudon).
1894 Coin de basse-cour (Meudon).
1895 Les Brillants (Meudon).

KAKABADZE (David), né à Koutaïs (Géorgie). — Géorgien. — 43, boulevard Saint-Michel, 6ᵉ.

1896 Peinture.
1897 Peinture.
1898 Peinture.
1899 Dessin.
1900 Dessin.

KARPELÈS (Andrée), née à Paris. — 27, rue du Docteur-Blanche, 16ᵉ.

3632 Baigneuse.
3633 Le ruban jaune.
3634 Dans l'atelier.
3635 Dessin.
3636 Dessin.

KARS (Georges), né à Prague. — Tchéco-Slovaque. — 89, rue Caulaincourt, 18ᵉ.

3637 Femme assise.
3638 Nature morte.
3639 Etude.

KEILLER (Mᵐᵉ Dolly), née en Angleterre. — Anglaise. — 52, rue des Saints-Pères.

3640 Piété.
3641 Bateaux à Concarneau.
3642 Bateaux à Concarneau.

KELLER (Hans-Richard), né à Zurich. — Suisse. — 98, rue Caulaincourt, 18ᵉ.

3645 Marguerites.
3646 Nature morte.
3647 Roses.

KEMP (Jeka), né à Glascow (Ecosse). — Anglaise. — 49, boulevard Montparnasse, 6ᵉ.

3648 Laveuses tunisiennes.
3649 Femme arabe.
3650 Nature morte.
3651 Sur la plage (aquarelle).
3652 Sur la plage (aquarelle).

KERGUR (Stéphan), né à Cracovie. — Polonais. — 139, boul. Saint-Michel, 5ᵉ.

3653 Vue.
3654 Jardin.
3655 Roses blanches.

KERNEUR (H.-J.), né à Angers. — 1, rue Amélot, 11ᵉ.

3656 Entrée du ravin de Worsonville.
3657 La falaise.
3658 Portrait d'enfant (dessin au crayon).
3659 Pêches (pastel).

KIKODZÉ (Chalva), né à Tiflis (Géorgie). — Géorgien. — 26, rue du Faubourg-Saint-Jacques, 14ᵉ.

3660 La Géorgie.
3661 La fête en Géorgie.
3662 Café.
3663 Paris.
3664 Paris.

KISLING (Moïse), né à Cracovie. — Polonais. — 3, rue Joseph-Bara, 6ᵉ.

3665 Jeune garçon.
3666 Petite fille.

KISSLING (Eugène), né à Châtenois (Bas-Rhin). — 8, rue Marie-et-Louise, 10ᵉ.

3667 La mare aux deux saules.
3668 Escolives (Yonne) au soleil couchant.
3669 La nature.
3670 Dans le parc d'Ermenonville (aquarelle).
3671 Automne (aquarelle).

KISTER (Robert), né à Paris. — 1, avenue Junot, 18ᵉ.

3672 Rêverie.
3673 Femme et fleurs.
3674 Nu.
3675 Dessin.
3676 Dessin.

KLEIN (Victor), né à Paris. — 6, rue Cernuschi, 18ᵉ.

3677 Danseuses.
3678 Annonciation.
3679 Étude.
3680 Dessin.
3681 Dessin.

KLINGSOR (Tristan). — 31, avenue du Parc-Montsouris, 14ᵉ.

3682 Intérieur.
3683 L'alto de Bergonzi.
3684 Nature morte.

KOURDINOWSKY (Boris), né à Poltawa (Ukraine). — Ukrainien. — 23, rue Wauthieur, Saint-Germain-en-Laye.

3685 La tombe du cosaque.
3686 Cosaque du Don.
3687 Chinois dans l'armée rouge.
3688 Paysan insurgé.
3689 Officier de l'armée volontaire.

KOUSNETZOFF (Constantin), né en Russie. — Russe. — 147, boulevard Montparnasse, 6e.

3690 Vue sur Saint-Lunaire (Bretagne).
3691 Champs (Bretagne).
3692 Mont Granier (Savoie).

KROGH (Per), né à Christiania (Norvège). — Norvégien. — 3, rue Joseph-Bara, 6e.

3693 La maison du pêcheur.
3694 Le gardien du phare.
3695 Peinture.

KVAPIL (Charles). — 233, rue d'Alésia, 14e.

3696 Les gants blancs.
3697 Baigneuses.

LABATTE (Fernand), né à Béatiran. — 6, rue Asseline, 14e.

3698 Femme dans un paysage.
3699 Le violoniste.
3700 Pomone.

LABBE (Fernand-Gaston-Napoléon), né à Valençay (Indre). — 29, rue Bénard, Paris-14e, et 3, rue de l'Ange, Clermont-Ferrand.

1905 Paysage (côtes de Sareina, Auvergne).
1906 Sous bois, ravin de Cluapot (Auvergne) (gouache).
1907 Sous bois (gouache).

LABOUREUR (J.-E.), né à Nantes. — 19, rue de Penthièvre (8e).

1908 Le soldat sur la route.
1909 Le cabaret breton (gravure au burin).
1910 Le café de la Poissonnerie (gravure au burin).

LACHAPELLE (Paul-Alexandre), né à Cognac. — 3, rue des Huissiers, à Neuilly-sur-Seine.

1911 Le clocher de Bourogne (Territoire de Belfort).
1912 Les bords de la Bourbeuse.
1913 Les saules.
1914 Maison alsacienne.
1915 Le château de Bourogne.

LA CLAU (Armando), né à Toulouse. — 9, r. Campagne-Première, 14e.

1916 Les ballons.
1917 Le massacre à Neuilly.
1918 Joueurs basques.

LACOSTE (Louis), né à Reims. — 10, rue Edouard-Nortier.

1919 L'assoce.
1920 Peinture.

DE LACOURT (Gaston), né à Paris. — 130 *ter*, boulevard de Clichy, (18ᵉ).

1921 Campagne la nuit.
1922 Impression.
1923 Toilette.
1924 Insouciance.

LACROIX (Pierre-Gabriel-Bravard), né à Doyet (Allier). — 121, rue de Rome, 9ᵉ.

1925 Coq faisan dans les fougères (aquarelle).
1926 Mésanges grises (aquarelle).
1927 Autour épervier guettant au crépuscule (aquarelle).
1928 Effraie (aquarelle).
1929 Pic-vert à la fourmilière (aquarelle).

LADUMA (Marguerite), née à La Rochelle (Charente-Inférieure). — 55, rue de Seine (6ᵉ).

1930 Portrait.
1931 Portrait de jeune fille.
1932 Fleurs.
1933 Etude de nu.
1934 Etude de nu.

LADUREAU (Pierre), né à Dunkerque. — 12, r. de l'Armorique (15ᵉ).

1935 Le Yaudet (Bretagne).
1936 Le Diben (Bretagne).
1937 Le vallon (Bretagne).

LAFORET (Tony), né à Florence. — Fiumien. — 114, rue de Vaugirard, 6ᵉ.

1938 Rochers de la Bocca (Cannes).
1939 Rochers de la Bocca (Cannes).
1940 Pins (golf-Club de Cannes).
1941 Bal des Quat'-Z'arts (gouache).
1942 Bal des Quat'-Z'arts (gouache).

LAFOURCADE (Léon), né à Biaudos (Landes). — 78, r. Lafayette (9ᵉ)

1943 La Seine à Valvins.
1944 La Seine aux Chartrettes.
1945 La route serpentine.

LAFUGIE (Mlle Léa), née à Paris. — 17, rue de St-Senoch (17e).

***1946** Portrait de Mlle S... (appartient à M. S...).
1947 Le collier d'ambre.
1948 La dame en noir.

LAGAR (Celso), né à Ciudad-Rodrigo. — Espagnol. — 7, rue Lakanal, Grand-Montrouge (Seine).

1949 Le bois.
1950 Nu au fauteuil rouge.
1951 Le lac.
1952 Dessin (aquarelle).
1953 Aquarelle.

LAGLENNE (Jean-François), né à Paris. — 134, av. de Villiers (17e).

1954 Femme aux gants bleus.
1955 Femme au balcon.
1956 Joueur de banjo.

LAGUERRE (Bazile), né à Foix (Ariège). — 11, rue des Entrepreneurs, à Saint-Ouen (Seine).

1957 Bergère, le soir.
1958 Le Marc de Civrieux.
1959 La muse de sang.

LAGUT (Irène), née à Paris. — 67 *bis*, boulevard St-Jacques (14e).

1960 Cirque.
1961 Figure.
1962 Figure.
1963 Cirque.
1964 Cirque.

LAIGNEAU (Henry), né à Rambouillet. — 43, rue de la Garenne, à Rambouillet (Seine-et-Oise).

1965 Etude de tête (lumière de lampe).
1966 Etude de tête (lumière de lampe).
1967 Le graveur Dondaine.

LALLIÉ (Robert), né à Nantes. — 12 *bis*, rue du Boccage, Nantes (Loire-Inférieure).

1968 Le bassin à la colonnade.
1969 Danse champêtre.
1970 Harmonie du soir (Cambo).
1971 St-Jean-Pied-de-Port (le vieux pont) (aquarelle).
1972 St-Jean-Pied-de-Port (l'Eglise) (aquarelle).

LALOUE (Robert), né à Paris. — 7, square Alboni (16e).

1973 Vallée d'Essonne.
1974 Paysage en Bretagne.
1975 Paysage en Bretagne.
1976 Paysage.
1977 Paysage.

LAMBERT (Jean), né à Cracovie. — Polonais. — 12, rue du Moulin-de-Beurre, 14e.

1978 La foule.
1979 La rencontre.
1980 La rue.

LANDAIS (Pierre), né à Saint-Suliac (Ille-et-Vilaine). — 51, avenue du Maine (14e).

1981 Le quai de l'Hôtel-de-Ville.
1982 La côte bretonne.
1983 Le port de l'Hôtel-de-Ville.
1984 Étude de vaches.
1985 Le tombereau.

LANDRÉ (Mlle Louise-Amélie), née à Paris. — 233, faub. Saint-Honoré, 8e.

1986 Farniente.
1987 Femme à la puce.
1988 Jeune femme à sa toilette.

LANE (Mme Camille). — 46, Washington News, New-York.

1989 Au clair de lune.

LANG (Léon-Michel), né à Paris. — 40, avenue du Président-Wilson (16e).

1990 Ciboure (Basses-Pyrénées).
1991 Nature morte.
1992 Nature morte.

LANTOINE (Fernand), né à Maretz (Nord). — 61, avenue Bel-Air, Uccle-Bruxelles.

1993 Rue Lepic.
1994 Le port de Beaulieu.
1995 Nieuport.
1996 Bois pour histoire complète de la guerre.

LARIVIÈRE (Pierre), né à Paris. — 14, rue des Lions (4e).

1997 Un vieux coin à Jouy-en-Josas (pastel).
1998 Le pont Marie au brouillard automnal (pastel).
1999 Étude de melon (pastel).
2000 Dessin fusain (Jaurès à l'Immortalité).
2001 Lithographie originale : chiffonnière rue Saint-Médard (esquisse).

LA ROCHEFOUCAULD (Comtesse Antoine de), née à Paris. — 19, rue d'Offémont, 17e.

2002 Laure de Noves (buste plâtre).

LA ROCHEFOUCAULD (A.-Emmanuel de), né à Paris. — 19, rue d'Offémont, 17e.

***2003** Croquis aquarellé (appartient à l'auteur).

LA ROCHEFOUCAULD (Antoine de), né à Paris. — 19, rue d'Offémont, 17e.

2004 Capri par un temps calme.

LASSUDRIE (Berengère), née à Sèvres. — 36, quai d'Orléans (4e).

2005 Ovale fleurs.
2006 Ovale fleurs.
2007 Décoration carrée noir et blanc.
2008 Un projet tapisserie.
2009 Une portière tapisserie (arbre).

LATAPIE (Louis-Robert-Arthur), né à Toulouse. — 65, boulevard Arago (13e).

2010 Destruction.
2011 Nature morte.

LAULAN (François), né à La Réunion (Lot-et-Garonne). — 4, rue Henri-Martin, Agen (Lot-et-Garonne).

2012 Collines fleuries (gorges de la Vézère).
2013 L'heure rose (aux bords de la Garonne).

LAURENS (Marthe), née à Paris. — 4 bis, impasse Girardon, 18e.

bis { **2013** a Cirque.
2013 b Femme.
2013 c Fillette.
2013 d Étude de femme.
2013 e Cirque (gouache).

LAVAL (Fernand-Albert), né à Cognac. — 54, boul. de Clichy (18e).

2014 Paysage parisien (9 heures du matin à l'Opéra).
2015 Paysage parisien (Montmartre).
2016 Paysage parisien (Montmartre).
2017 Montmartre : à la fenêtre de chez Niguais.
2018 Dessin.

LAVIROTTE (Alexandre-Marie-Célestin), né à Lyon. — 21, rue Brunel (17e).

2019 Paysage.
2020 Paysage du Charolais.
2021 Paysage du Charolais.
2022 Aquarelle.
2023 Aquarelle.

LEBASQUE-REYMOND (Marthe), née à Paris. — 7, rue Daru (8e).

2024 Femmes et fleurs.

LEBASQUE (Hélène), née à Montévrain. — 15, av. Perrichont, 16e.

2025 Nature morte.
2026 Fruits.
2027 Fleurs.

LEBASQUE (Henri), né à Champigné. — 15, avenue Perrichont, 16e.

bis { **2027** *a* Peinture.
{ **2027** *b* Peinture.

LECLERCQ (Simone-Françoise), née à Paris. — 93, r. Lafayette (10e)

2028 Etude de fleurs (les soleils).
2029 Paysage (Ambleteuse, la Réserve).
2030 Portrait (appartient à M. X...)

LECONTE (Mlle Yvonne), née à Versailles. — 9, rue Campagne-Première (14e).

2033 Portrait de Mme Auxiètre.
2034 Convalescence.
2035 Etude de nu.
*****2036** Portrait de Mlle Blouet.
2037 Etude de nu (dos de femme).

LECOURT (Raymond), né au Havre. — Fontaine-la-Mallet, par Montivilliers (Seine-Inférieure).

2038 Paysan et vaches.
2039 Bœufs dans la gelée blanche.
2040 Chevaux.

LEFORT (Jean-Louis), né à Bordeaux. — 21 *bis*, avenue de la Motte-Picquet (7e).

2041 Vieilles maisons lorraines sur la Moselle (Metz).
2042 La fontaine de Molsheim (Alsace).
2043 Le quai Saint-Jean (Strasbourg).
2044 La porte de Molsheim (Alsace).
2045 Le puits de Guebwiller (Alsace).

LEFORT DES YLOUSES (Robert), né à Neuilly-sur-Seine. — 13, avenue de Madrid, à Neuilly-sur-Seine.

2046 La joie de la mer.

LEGALLAIS-NICOT (Jeanne-Marie), née à Langueux (Côtes-du-Nord). — 75, rue Croix-Nivert (15e).

2047 A ma maison de campagne (scènes de fruits).
2048 Ave Maria.
2049 Abnégation.
2050 Jour de fête (coin de table).
2051 Soucis.

LÉGER (Fernand), né à Argentan (Orne). — 86, rue Notre-Dame-des-Champs (6e).

2052 La femme couchée.
2053 La femme et l'enfant.
2054 Les deux femmes et la nature morte.

LEGRAIN (Pierre), né à Levallois-Perret. — 9, rue du Val-de-Grâce (5e).

2055 Une vitrine de reliures.

EDY-LEGRAND, né à Bordeaux. — 25, rue Victor-Massé (9e).

2056 La promenade.
2057 Enfant dans un paysage.
2058 Baigneuses.

LEGUILLON (Paul), né à Paris. — 90, boulevard Péreire (17e).

2059 Les peupliers (Quiberon).
2060 Le calvaire (Finistère).
2061 La plage de Tréboul (Finistère).

LEJEUNE (Henri-Pierre), né à Saint-Ouen (Seine). — 54, rue Lamartine (9e).

2062 Panneau décoratif.
2063 La Riviera à Gênes (Italie).
2064 Mer sauvage à Quiberon.
2065 La Riviera à Gênes (Italie).
2066 Marine (pastel).

LE LOUP (Hervé), né à Saint-Firmin-des-Bois (Loiret). — 56, rue Notre-Dame-de-Lorette (9e).

2067 Baigneuse et sirènes (marée basse à Ploumanac'h).
2068 Après le bain.
2069 Après le bain.
2070 Dessin pastellisé (étude).
2071 Dessin pastellisé (étude).

LEMARESQUIER (Jean-François), né à Cette (Hérault). — 8, rue Leneveux (14e).

2072 Etude.
2073 Nature morte.
2074 Nature morte.
2075 Etude (aquarelle).
2076 Etude (aquarelle).

LE MASSON (Arthur), né à Cette (Hérault). — 17, rue du Palais.

2077 Cette (soirée vénitienne).
2078 Cette (les quatre chemins).
2079 Cette (fort St-Pierre).

LEMERCIER (Charles-Raoul-Robert), né à Epernay (Marne). — 8, villa Michel-Ange (16e).

***2080** Portrait (appartient à l'auteur).
2081 Nature morte.
2082 Paysage.

LEMMER (Stany), né à Levallois-Perret. — 86, rue Rochechouart (9e).

2083 Portrait de Mme Tuillier.
2084 Paysage (étude).
2085 Paysage (étude).
2086 Paysage (aquarelle).
2087 Paysage (aquarelle).

LEMOIGNE (Mlle Mathilde-Anna), née à Paris. — 56, boulevard Barbès (18e).

2088 Le Vert Galant.
2089 Nature morte.
2090 Nature morte.

LEMOINE (André), né à Paris. — 3, rue Paul-Dubois (3e).

2091 La Pointe du Toulinguet.
2092 Les mouettes.
2093 Coucher de soleil par gros temps.
***2094** Composition décorative (appartient à l'auteur).
***2095** Composition décorative (appartient à l'auteur).

L'ENFANT (Marcel), né à Paris. — 102, avenue du Général-Michel-Bizot, 12e.

2096 Héliogabale.
2097 Le port de Tréboul (Finistère).
2098 Les filets bleus (Tréboul).
2099 L'Eglise de Mont-Notre-Dame en 1917 (aquarelle).
2100 Croquis d'Alsace (dessin).

LENOIR (Suzanne), née à Paris. — 19, rue de Médicis, 6e.

2101 Hiver.
2102 Eté.
2103 Auprès de Bitry.
2104 Lecture (petit panneau décoratif).
2105 Les hortensias (petit panneau décoratif).

LENOIR (Mathilde-Berthe), née à Paris. — 12, rue d'Auteuil (16e).

2106 Dans le parc.
2107 Vallée de Beauport (Paimpol).
2108 Marée basse (Paimpol).

LÉO (Léopold-Dreyfus), né à Fontenay-le-Comte (Vendée). — 45, avenue des Ternes (17e).

2109 Le sphinx.
2110 La Gypsie.
2111 Sensation.

LÉON (Edouard-Henri), né à Paris. — 6, rue Vercingétorix (14e).

2112 Fleurs et bibelots chinois (nature morte).
2113 Objets anciens (nature morte).
2114 La dent du chat, vue de Tresserves près Aix-les-Bains.
2115 Notre-Dame (vue de Paris).
2116 Une vue de Paris (eau forte).

LEPETIT (A.-M.), né à Fallencourt (Seine-Inférieure). — La Frette (Seine-et-Oise).

2117 La fenêtre.
2118 La neige.
2119 Paysage.
2120 Aquarelle.
2121 Dessin rehaussé.

LE PETIT (Maurice), né à Boulogne-sur-Mer. — 161 *bis*, route de Versailles, à Boulogne-sur-Seine.

2122 Le pont de Sèvres.
2123 Paysage.
2124 Nature morte.

LEPEYTRE (Marie-Marthe), née à Marseille. — 2, rue Edmond-Rostand.

2125 Nature morte.
2126 Nature morte.
2127 Paysage de Provence.
2128 Pastel.
2129 Pastel.

LEPREUX (Albert), né à Meaux. — 39, rue Lamarck, 18e.

2130 Etude.
2131 Etude.
2132 Etude.
2133 Paysage (aquarelle).
2134 Paysage (aquarelle).

LEROLLE (Paul-Alexis-Victor), né à Paris. — 51, avenue Henri-Martin (16e).

2135 Portrait de Mlle Françoise L...
2136 Etude de nu.
2137 Bords de la Marne à St-Dizier.

LEROUILLÉ (Maurice-Ernest), né à Versailles. — 160, rue Oberkampf (11e).

***2138** La bourrasque (appartient à M. Marty).
***2139** Les arbres en fleurs (appartient à M. Eyquem).
2140 Une après-midi d'octobre.
2141 L'abreuvoir de Suippes pendant la guerre.
2142 Notre cuisine en Woëvre pendant la guerre.

LE ROUX (Henri), né à Paris. — 49, rue des Prairies (20e).

2143 Figure accroupie (plâtre).
2144 Statuette (plâtre).
2145 Bas-relief céramique.
2146 Dessin.
2147 Dessin.

LE SCOUEZEC (Maurice), né au Mans. — 35, rue Delambre (14e).

2148 Femme nue.
2149 Femme nue.
2150 Terrasse de café.

LE SON (Marcel), né à Paris. — 2, passage Dantzig (15e).

 2151 Bar.
 2152 Nu.
 2153 Paysage.

LESPAGNOL (Madeleine), née à Paris. — 33, rue Bayen (17e).

 2154 Petit panier de roses et de pois de senteur
 2155 Roses jaunes.
 2156 Souvenir d'antan.

LESPAGNOL (Mme Hélène), née à Saulieu (Côte-d'Or). — 33, rue Bayen (17e).

 2157 Vieux buveur (pastel).
 2158 Vieux moine (pastel).
 2159 Berger italien jouant de la flûte (aquarelle).
 2160 Rochers isolés de Vallières (aquarelle).

LE TENDRE (Auguste), né à Guingamp (Côtes-du-Nord). — 32, avenue de la Marne, à Lorient (Morbihan).

 2161 Après-midi d'été aux Poulains (Belle-Isle).
 2162 Sauzon dans le « crachin » (Belle-Isle).
 2163 Lever de soleil à Goulphar (Belle-Isle).
 2164 Matinée sur l'arroyo de Binh-Loï (Cochinchine) (pastel).
 2165 Les grands parents (Bretagne) (pastel).

LEVAVASSEUR (Henri-Maurice), né à Ussy (Calvados). — 16, rue Frémentel, à Caen.

 2166 Le vieux pont
 2167 Dimanche d'été.
 2168 Paysan bas-normand.

LEVEILLÉ (André), né à Lille (Nord). — 18, boul. Magenta (10e).

 2169 Peinture.
 2170 Peinture.
 2171 Peinture.
 2172 Dessin.
 2173 Dessin.

LEVET (Jean-Marie), né à Courbevoie. — 146, boulevard Montparnasse (14e).

 2174 Tête d'homme (bois).
 2175 Le silence sacré (plâtre patiné).
 2176 Décrépitude (bronze).

LEWINO (Walter), né à Londres. — Anglais. — 10, villa d'Alésia, 14°, et à Condette (Pas-de-Calais).

2177 Figure.
2178 Paysage
2179 Paysage.

LEWITSKA (Sophie), née à Censtochowa. — Polonaise. — 73, rue Caulaincourt, 18°.

2180 Peinture.
2181 Peinture.
2182 Composition.
2183 Dessin.
2184 Gravure.

LEYMARIE (Auguste), né à Brive (Corrèze). — 10, rue Seveste (18°).

2185 Eté.
2186 Un parc au bord de la mer.
2187 L'île Callot.
2188 Etude de nu (femme assise).
2189 Etude de nu (dos).

LHOTE (André), né à Bordeaux. — 38 *bis*, rue Boulard (14°).

2190 Baigneuses
2191 L'esprit et la matière.
2192 Etude directe pour « l'Enlèvement d'Europe ».
2193 Paysage (Lot) (aquarelle).
2194 Paysage (aquarelle)

LIAUSO (Camille-Paul), né à Biarritz. — 93, rue de Vaugirard, 6°.

2195 Adam et Eve.
***2196** Portrait (appartient à M. L...)

LIE (Emile), né à Christiania. — Norvégien. — 4, rue du Texel, 14°.

***2197** Maternité (bois) (appartient à M°° Karin Pellerin).
2198 Buste de M°° Marie d'Alheim (bois).
***2199** Femme à l'enfant et à la cruche (plâtre).

LIÉNARD (Marie-Antoinette), née à Paris. — 33, rue Lamarck (18°).

2200 Jeune homme assis
2201 Fleurs.
***2202** Masque plâtre (appartient à M. F...)
***2203** Etude (pastel).
2204 Etude de soucis (gouache).

LIEROW, (Anny-Francillon), née à Berne. — Suisse. — 41, boul. Saint-Jacques, 14e.

2205 Port de Honfleur.
2206 Eté.
2207 Bateaux en mouvement.
2208 Aquarelle.
2209 Aquarelle

LIPCHITZ (Jacques), né à Drouskieniki. — Lithuanien. — 54, rue du Montparnasse, 14e.

✳2210 Figure (pierre) (appartient à M. V. H...)
2211 Figure (pierre).
2212 Figure (plâtre).

LOTIRON (Robert), né à Paris, — 2, rue de Constantinople, 8e.

2213 La batteuse.
2214 Les joueurs de jacquet.
2215 Déchargement de bois.
2216 Dessin.
2217 Dessin.

LOUTCHANSKY (Jacques), né à Winnitza. — Russe. — 4, rue du Texel, 14e.

2218 Tête d'homme (bois).
2219 Tête de femme (bois).
2220 Baigneuse (marbre).

LUCE (Maximilien), né à Paris. — 102, rue Boileau (16e).

2221 Paysage.
2222 Paysage.
2223 Paysage.
2224 Cadre (croquis).
2225 Cadre (gravures).

LUGNIER (Jean), né à Paris. — 15, rue Lavieuville (18e).

2226 Vers la cité future.
2227 L'impasse Trainée (matin).
2228 Place du Tertre (matin).

LUNDSTROM (Knut), né à Stockholm. — Suédois. — Villa Emma, 40, boulevard d'Italie, à Monte-Carlo.

2229 Toilette.
2230 Dos nu.

LURÇAT (Jean), né à Paris. — 101, rue Nollet (17e).

2231 La colline de Sciano di Vico.
2232 Couseuses.
2233 Dessin.
2234 Dessin.

LUSTREMANT (Marie-Louise), née à Paris. — 110, rue du Bac (7e).

2235 L'allée des tilleuls.
2236 Les coloquintes.
2237 Atelier de peintre.

MAC CORD (Elizabeth-S.), née à New-York. — Américaine. — 65, boulevard Arago, 14e.

2238 Près de Montgeron.
2239 Nature morte.
2240 A Versailles.

MAC MULLAN (Mary-Shaw), née à Belfast (Irlande). — Irlandaise. — 25, rue Bréa, 6e.

2241 Maternité.
2242 Nature morte.
2243 En Irlande.
2244 Projet de décoration.

MADRASSI (Lucien-L.), né à Paris. — 49, boul. Montparnasse (6e).

2245 Portrait d'une veuve.
2245 *bis* Femme de Salonique.

MAHIEU (Simone), née à Paris. — 22, rue Beaurepaire (10e).

***2246** Une vitrine contenant des reliures (appartient à l'auteur) :
      Histoire de la musique grecque.
      Le Trésor des Humbles, Maeterlinck.
      I Fioretti di San Francesco.
2247 De la nature, Lucrèce.

MAHOUT (Marie), née à Gien (Loiret). — 24, rue Norvins, 18e.

bis { **2247** *a* Paysage de Gargilesse.
     2247 *b* Paysage de Gargilesse.
     2247 *c* Paysage de Gargilesse.

MAILFAIRE (Louis), né à Paris. — 6, rue Pruvot, à Vanves (Seine).

2248 Paysage (environs de Paris).
2249 Paysage (environs de Paris).
2250 Paysage (environs de Paris).

MAILLARD (Horace-Raymond), né à Boynes (Loiret). — 1, impasse du Tertre (18e).

2251 Hésitation (portrait de Mlle J. de B...)
2252 Clair de lune.
2253 Automne.

MAILLÉ (Louis-Siméon), né à Millau (Aveyron). — Ferrail du Castelirel, à Albi (Tarn).

2254 Le pachyderme.
2255 La côte du Castelviel (Albi).
*****2256** Matinée d'automne (propriété de l'auteur).

MAILLOS (André-Jean-Marie), né à Paris. — 12, rue de l'Assomption 16e).

2257 La toilette (projet décoratif pour dessus de glace de cabinet de toilette).
2258 Dahlias et marguerites.
2259 Roses et œillets.

MAINSSIEUX (Lucien). — 57, rue Caulaincourt, 18e.

2260 Quartier Sainte-Anne.
2261 Vieux village méridional.
2262 Paysage.
2263 Dessin.

MAKOWSKI (Tadé-Joseph), né à Oswiecim (Pologne). — Polonais. — 3, rue Vercingétorix, 14e.

2264 La « bourrée » d'Auvergne.
2265 Paysans allant à la foire.
2266 Marchande de volaille.

MALTERRE (André), né à Paris. — 18, rue du Mont-Cenis (18e).

2267 Portrait.
2268 Paysage.
2269 Nature morte.
2270 Etude.
2271 Etude.

MANTELET (André), né à Pontoise. — 40, rue Caulaincourt (18e).

2272 Vieilles maisons à Pont-à-Mousson.
2273 Le cap de Flamanville.
2274 Le cap de Flamanville (soir).
2275 La boulangerie à Sciotot.
2276 La barrière.

MARAIS (Edouard-Georges), né à Paris. — Rue de Balzac, à Franconville (Seine-et-Oise).

2277 Mare du Gros Noyer (Seine-et-Oise).
2278 Bord de l'Oise à Cergy.
***2279** Vic-sur-Cère (Cantal) (appartient à l'auteur).

MARCEAU (Etienne), né à Noyen-sur-Seine (Seine-et-Marne). — 3, rue Vercingétorix (14e).

2280 Nature morte.
2281 Nu.
2282 Nature morte.
2283 Dessin.
2284 Dessin.

MARCEL-BERONNEAU (Pierre), né à Bordeaux. — 11, impasse Ronsin (15e).

2285 Orphée.
2286 Salomé.
2287 Paysage.
2288 Monotype.
2289 Monotype.

MARCEL-LENOIR, né à Montauban. — 115, rue Notre-Dame-des-Champs (6e).

2290 Fresque directe.
2291 Fresque directe.
2292 Fresque directe.
2293 Dessin.
2294 Dessin.

MARCHAL (Achille-Gaston), né à Saint-Denis (Seine). — Férolles, par Crécy-en-Brie (Seine-et-Marne).

2295 San Juan (Espana).
2296 Beynac (Dordogne).
2297 Hérisson (Allier).
2298 El Castillo (Espana).
2299 Pasajes (Espana).

MARCHAND (Camille), né à Paris. — 3, square du Champ-de-Mars (15e).

2300 Saint-Valéry-en-Caux (le port) (aquarelle).
2301 Veules-les-Roses (l'abreuvoir) (aquarelle).
2302 Quiberon, côte sauvage (aquarelle).
2303 Veules-les-Roses, falaises (aquarelle).
2304 Paris, sur les quais (aquarelle).

MARCHAND (Jean), né à Paris. — 73, rue Caulaincourt (18e).

2305 Peinture.
2306 Peinture.
2307 Peinture.
2308 Dessin.
2309 Gravure.

MARCOUSSIS (Louis), né à Varsovie. — Polonais. — 61, rue Caulaincourt, 18e.

2310 Figure.
2311 Nature morte.
2312 Nature morte.
3213 Dessin.
2314 Dessin.

MARE (André). — 11, avenue des Chasseurs (17e).

2315 Peinture.
2316 Peinture.

MARÉCHAL (Rodolphe), né à Montpellier. — Villa Herminie, à Vence (A.-M.).

***2317** Vence (appartient à l'auteur).
***2318** St-Jeannet et son Baou (appartient à l'auteur).
***2319** Marine (appartient à l'auteur).

MARKITANTE (Sam), né à Moulew-Pog (Russie). — Russe. — 13, rue Girardon, 18e.

bis { **2319** a Berlioz.
{ **2319** b Symphonia.
{ **2319** c Beethoven.

MARROT (Henry), né à La Souterraine (Creuse). — 60, rue Monge (5e).

2320 La Vienne à St-Martin-la-Rivière.
2321 La Seine à Sèvres.
2322 La petite cascade.
2323 Usine près d'un canal.
2234 Le canal (brume).

MARSA, né à Paris. — 21, quai de Bourbon (4e).

***2325** Portrait.
2326 Porcelaine de Chine.
2327 Panneau décoratif.

MARTIN (Henri), né à Paris. — 107, avenue Henri-Martin (16e).

2328 Le bouquet de dahlia.
2329 Vue d'Auberville.
2330 Oriental à la mandoline.
2331 Château de Fontainebleau (aquarelle).
2332 Brouillard à Sannois (aquarelle).

MARTIN (Claude-René), né à Paris. — 18, impasse du Maine (15e).

2333 Paysage.
2334 Fleurs.
2335 Etude.
2336 Salies d'Auvergne (gouache).
2337 Saint-Cirq-la-Popie (gouache).

MARTIN (A.-Marius), né à Arles (B.-du-R.). — 1, rue du Collège, à Aubusson (Creuse).

2338 Brûleuses de goémons (bois au canif).
2339 Femme aux chèvres (bois au canif).

MARTIN (Maurice-Félix), né à Chablis (Yonne). — 12, avenue de Lutèce, à La Garenne-Colombes.

2340 Une rue à Baccarat.
2341 Une rue à Baccarat.
2342 La chaumière.
2343 Le canal Saint-Denis (aquarelle).
2344 Poivres (Aube) (aquarelle).

MASSIN (Louis-Eugène-Pierre), né à Paris. — 95, rue de Vaugirard (6e).

2345 Coin de fête (Audierne).
2346 Maison de paludier à Saillé (Loire-Inférieure).
2347 Le port d'Audierne (Finistère).
2348 Esquibien (Finistère).
2349 Rue Kérion (Quimper).

MASSOT (Miquel), né à Barcelone. — Espagnol. — 8, impasse Ronsin, 15e.

2350 Nature morte.
2351 Nature morte.
2352 Nature morte.

MASURE (Georges-Paul), né à Paris. — 195, rue de Vaugirard (15e), et à Pocé (Indre-et-Loire).

2353 Raisins de Touraine.
2354 Cerises.
2355 Charmeuse (panneau décoratif).

— 113 —

MATHIEU (Mlle Marguerite-Louise-Denyse), née à Paris. — Place
de la République, à Saint-Fargeau (Yonne).

    2356   Etude de cuivre (nature morte).
    2357   La brioche (nature morte).
    2358   L'église Saint-Pierre-de-Montmartre.

MATHIEU (Raoul-Désiré), né à Paris. — 15, passage du Petit-
Cerf (17e).

    2359   Route de Manicourt (vallée de Chevreuse).
   *2360   Pont des Romanichels (Argenteuil) (appartient
           à l'auteur).
   *2361   La plâtrière (Argenteuil) (appartient à M. X...)

MATHIEU-GOUTS (Henriette), née à Paris. — 27, rue de Liège (8e).

    2362   Une vitrine (art décoratif) contenant 4 objets :
           Buvard cuir repoussé, sujet : femme à la chèvre.
           Buvard cuir repoussé, sujet : le repos.
           Sac à main cuir repous., stylisations d'animaux.
           Sac à main cuir repous., stylisations d'animaux.

MATULKA (Jan), né à Vlach-Brezzi (Bohême). — Tchéco-Slovaque.
— 15, rue Delambre, 14e.

    2363   Lumière et ténèbres.
    2364   Mouvements.

MAURANCHON (Lucien), né à Saint-Germain-en-Laye. — 5, rue
des Eaux (16e).

   *2365   Etude (figure) (appartient à l'auteur).
    2366   Paysage.
    2367   Paysage.

MAURICE (Roland), né à Saint-Amand (Cher). — A Morlac (Cher).

   *2368   Portrait de M. E. P... (appartient à M. E. P...).
    2369   Portrait de jeune fille.
    2370   Paysage (le chêne).

MAUROUARD (Mlle Christine), née à Athènes. — Française. —
39, avenue Mozart (16e).

    2371   Cloître de Cimiez, Nice (aquarelle).
    2372   Fontaine fleurie (aquarelle).
    2373   Pavots (aquarelle).
    2374   Tulipes (aquarelle).

MAVRO (Manéa), née à Odessa (Russie). — Française. — 45, boulevard Lefebvre (15e).

2375 Paysage au pays basque.
2376 Arneguy (frontière espagnole).
2377 Portrait de fillette.
2378 Mère et enfant.
2379 Nu.

MAYNADIE (Charles-Emmanuel), né à Paris. — 7, rue Véronèse, 13e
2380 Bords de la Lingue (Yonne).

MAZARD (Alphonse-Henri), né à Paris. — 48, rue de Vanves (14e).
2381 Etang à Itteville (Seine-et-Oise).
2382 L'Essonne à Itteville (Seine-et-Oise).
2383 Mondeville (Seine-et-Oise).
2384 Etude (pastel).
2385 Le soir (pastel).

MELA-MUTER, née à Varsovie). — Polonaise. — 51, boul. Saint-
Jacques, 14e.

bis
2385 a Portrait de Henri Barbusse.
2385 b Portrait de Ivan Goll.
2385 c Paysage en Savoie.
2385 d Pont-Neuf (aquarelle).
2385 e Paysage en Savoie (aquarelle).

MEDGYES (Ladislas), né à Budapest. — Tchéco-Slovaque. — 26, rue
du Faubourg-Saint-Jacques (14e).
*2386 Portrait (appartient à Mme M.-R. H...).
2387 Composition.
2388 Composition.
2389 Composition.
2390 Composition.

MENDÈS-FRANCE (René), né à Paris. — 48, rue Magenta, à Asnières (Seine).

2391 Jacinta fille de Tortosa.
2392 Tango argentin.
2393 Paysage.

MENNERET (Charles), né à Paris. — 17, avenue Trudaine (9e).
2394 Paysage.
2395 Paysage en Savoie.
2396 Paysage en Bretagne.

MERLE (Pierre), né à Paris. — 132, boul. St-Germain (6e).

2397 Portrait de Mlle T... (appartient à Mlle T...).
2398 Nature morte.
2399 La marche à l'idéal.
2400 Portrait de jeune fille.

MESTCHERSKY (Boris), né à Nikolaeff (Russie). — Russe. — 22, rue Monsieur-le-Prince, 6e.

bis { **2400** *a* Pavillon des viandes aux Halles.
{ **2400** *b* Pavillon des légumes aux Halles.

MESTRALLET (Paul-Louis), né à Paris. — Atelier : 52, rue Lhomond (5e).

2401 Paysage à Saint-Pons.
2402 Paysage à Saint-Pons.
2403 Paysage à Saint-Pons.

MEUNIE (Paul-Henri), né à Paris. — 4, rue Picot (16e).

2404 Paysage de la Bourboule (aquarelle).
2405 Les falaises de Puys par temps d'orage (aquarelle).
2406 La grille du parc de Marnes (aquarelle).
2407 Coin de cheminée (nature morte) (détrempe).
2408 Soleil de printemps (Normandie) (détrempe).

MEURISSE (René-Henry), né à Bourges. — 10, avenue de la République (11e).

2409 Repos.
2410 Le divan bleu.
2411 Le miroir.
2412 Paysage (aquarelle).
2413 Paysage (aquarelle).

MIAULET (William), né à Nîmes. — 10, rue de Buci (6e).

2414 Jeune femme dans une grotte.
2415 Bégonias.
2416 Ruines fleuries.
2417 Entre deux eaux (aquarelle).
2418 Rochers (aquarelle).

MICHAUD-COMTE (Marie-Louise), née à Lyon. — 48, r. Vavin (6e).

2419 Grand'mère et petit fils.
2420 Une élève studieuse.
2421 Deux bonnes petites sœurs.
2422 Bretonne (portrait).

MIGOT (Georges), né à Paris. — 6, rue Sedaine (11e).

2423 Cousine Angélina.
2424 Potirons aux feuilles desséchées.
2425 La montagne noire.

MIKLOS (Gustave), né à Budapest. — Français. — 158, rue Saint-Jacques, 5e.

2426 Danseuse au repos (gouache).
2427 Une femme.
2428 La femme en rose.

MILLARD (Ernest-J.-M.), né à Paris. — 7, boulevard Arago (13e).

2429 Ferme aux environs de Dinan (aquarelle).
2430 La foire de Fougères (aquarelle).
2431 Le marché aux porcs à Fougères (aquarelle).
2432 Rue de la Vieille-Boucherie, à Saint-Malo (aq.).
2433 La foire de Fribourg (Suisse) (aquarelle).

MILLIAVY (Paul-Joseph), né à Paris. — 21, rue de Harlay, à Compiègne (Oise).

2434 Ma blonde (pastel).
2435 Le balai (pastel).
2436 Fidélité (pastel).
2437 Chantecler... éclaire (pastel).
2438 Coucher de soleil sur la rivière (pastel).

MILLOT (Eugène-Charles), né à Paris. — 6, rue de Fécamp (12e).

***2439** Portrait en plein air (appartient à l'auteur).

MILOUNOVITCH (Milo), né à Cettigné (Monténégro). — Yougo-slave. — 14, cité Falguière, 15e.

***2440** Jeune fille nue (appartient à Mme Vegerif).
2441 Paysage.
2442 Courtisane.
2443 Dessin.
2444 Dessin.

MISRAHI (Joseph), né à Méhalla-el-Kébira (Egypte). — Egyptien. — 19, quai Saint-Michel (5e).

2445 Egypte.
2446 Quai.
2447 Intérieur.

MOHRIEN (Achille), né à Paris. — 1 bis, rue Saint-Gilles, 3ᵉ

2448 Porte à Perros (Côtes-du-Nord).
2449 Automne au Parc Monceau.
2450 Versailles.
2451 Les pins à Ploumanach (Côtes-du-Nord).
2452 Jardin du Roi, à Versailles.

MONDIN (Yvonne), née à Condom (Gers). — 40, rue Denfert-Rochereau (5ᵉ).

2453 Roses.
2454 Tête.
2455 Nature morte.

MONDZAIN (Szaman), né à Lublin (Pologne). — 7, rue Belloni (15ᵉ).

2456 La délaissée.
2457 Veuve de guerre.
2458 Nature morte (appartient à M. Armand Parent).
2459 Hommage au soldat mort pour la France (pastel).

MONIER (Maggy), né à Paris. — 14, passage Victor-Marchand (13ᵉ).

2460 Coin du Luxembourg.
2461 Nature morte.
2462 Paysage, église du Croisic.

MONMELIEN (Léon-Edouard), né à Paris. — 66, Grande-Rue, à Flers-de-l'Orne (Orne).

2463 Vallée de la Vère (Orne).
2464 Vieille église Saint-Rémy, à Tinchebray (Orne).
2465 Abside Saint-Pierre-de-Caen (Calvados).

MONNOT (Maurice-Louis), né à Paris. — 12, avenue Rabuteau, à Gournay-sur-Marne (Seine-et-Oise).

2466 La couture (effet lampe).
2467 La lecture (effet lampe).
2468 Nature morte.
2469 Effet de lampe (nature morte).
2470 Le cuivre (nature morte).

MONSON (Per), né à Gotenbourg. — Suédois. — 17, rue Boissonade, (14ᵉ).

2471 Composition.
2472 Composition.
2473 Composition.

MONTAL (Louis-Alexandre), né à Cahors (Lot). — 128 *ter*, boulevard de Clichy (18e).

2474 Chemin creux en Dordogne.
2475 Le printemps à Marly.
2476 Le vieux Cahors.
2477 Vieille rue à Rouen.
2478 Cabbé-Roquebrune (Provence).

MONTMEROT (Albert), né à Autun (S.-et-L.). — 1, rue des Cités, à Autun (S.-et-L.).

2479 Vieux paysan fumant (Morvan).
2480 Le village de Couhard au printemps (Morvan).
2481 Les pommes (nature morte).
2482 Paysanne (Morvan) (dessin au fusain rehaussé d'aquarelle).
2483 Paysan (Morvan) (dessin au fusain rehaussé d'aquarelle).

MORCHAIN (Paul), né à Rochefort-sur-Mer. — 4, rue du Texel, 14e.

bis
2483 *a* Matin à La Rochelle.
2483 *b* Matin à Honfleur.
2483 *c* Marée basse à Honfleur.
2483 *d* Pastel.
2483 *e* Dessin rehaussé.

MOREAU (Luc-Albert), né à Paris. — 15, rue du Cherche-Midi, 6e.

2484 La loge (appartient à M. Marseille).
2485 Nature morte.
2486 Nature morte.
2487 Dessin.
2488 Dessin.

MOREAU (Louis), né à Châteauroux. — 60, avenue de Déols, à Châteauroux (Indre).

2489 Vallée de la Creuse, à Châteaubrun.
2490 Bords de la Creuse.
2491 La vieille bergère (gravure sur bois).
2492 Le cornemuseux (sépia).

MORETTI (Luigi), né à Venise. — Italien. — 83, rue de la Tombe-Issoire (14e).

2493 Couture.
2494 Venise.
2495 Venise.
2496 Paravent (art décoratif).
2497 Au bord de la mer (pastel fixé).

MORILLON (Etienne), né à Soucieu-en-Jarrez (Rhône). — 11, rue
Martin, à Lyon.

2498 L'homme au pain.
2499 Nature morte.
2500 Nature morte.
2501 Dessin.
2502 Aquarelle.

MORGAN-RUSSELL, né à New-York. — Américain. — 20, rue
Desnouettes (15e).

2503 Peinture.
2504 Hercule et le lion de Némée.
2505 Dieux folâtres.
2506 Dessin.
2507 Dessin.

MOROT (Jacques), né à Sèvres (S.-et-O.). — 16, rue de la Pro-
cession (15e).

2508 Le marabout du Bois-Sacré, à Blidah.
2509 Jeune indienne du Rio-Nabileque, grand Chaco-
Argentine.
2510 Scène du « Campo » argentin.

MORSE-RUMMEL (Frank), né à Berlin. — Anglais. — 6, rue
Nicolo (16e).

2511 Lapon.
2512 Pêcheur de Laponie.
2513 Paysage du Nord.

MORTIER (Robert-Henry), né à Nice. — 55, rue de Lille (7e).

2514 Nature morte.
2515 Eglise dans les arbres.
2516 Arbres et village.

MORTIMER-GRONOW (Alexis-Tudor), né à Paris. — Anglais. —
39, rue Washington (8e).

2517 Ensemble de croquis de l'Indre et de la Creuse.

MORVAN (Georges-Frédéric), né à La Rochelle. — 31, rue Raspail
à Vanves (Seine).

2518 Jeune mère.
2519 Chêne vert (paysage Vendée).
***2520** Chêne vert contre-jour (Vendée) (appartient à
M. D...).
***2521** Portrait d'enfant (pastel) (appartient à M. P...)
2522 Croquis d'enfant (pastel).

MOURIER (Marie-Anne), née à Paris. — 82, rue Legendre, 17°.

2523 Savoisy (paysage) (aquarelle).
2524 Nemours (paysage) (aquarelle).
2525 Joigny (paysage) (aquarelle).
2526 Gif (paysage) (aquarelle).
2527 Nature morte (aquarelle).

MOUILLOT (Marcel), né à Paris. — 38 *bis*, rue Boulard (14°).

2528 Nature morte.
2529 Marine.
2530 Paysage.
*__2531__ Dessin (appartient à Mlle P. L...).
*__2532__ Dessin (appartient à Mlle P. L...).

MOYSE (Elsa-Marie), née à Paris. — 14, rue Oudinot (7°).

2533 Colonnade du Parc Monceau (effet d'automne).

MUSSA (P.), né à Paris. — 51, rue Molitor (16°).

2534 Bateaux sardiniers, Concarneau (Finistère).
2535 Barque au clair de lune, Concarneau (Finistère).
2536 Bateaux thonniers au soleil couchant, Concarneau (Finistère).
2537 Bateaux sardiniers (pastel).
2538 Bateaux thonniers (pastel).

MUTH (Alice), née à Cincinnati. — Américaine. — 29, rue Descombes (17°).

2539 Le cirque.
2540 Le serpent amoureux.
2541 La femme au faucon.

NAM (Jacques), né à Paris. — 3, rue Nicolo (16°).

2542 Au coin du feu.
2543 Le chat en porcelaine.
2544 Chat blanc.
2545 Chat.
2546 Chat.

NEILLOT (Louis), né à Vichy (Allier). — 10, rue de l'Eglise, à Asnières (Seine).

2547 Etude de chrysanthèmes.
2548 Brouillard (vallée de l'Allier).
2549 Soir de novembre (bords de Seine).
2550 Etude de tête (fusain rehaussé crayon).
2551 Croquis de nu (crayon rehaussé).

NÉRÉE-GAUTIER (Jane), née à Bordeaux. — 12, r. Louis-David, 16e

2552 Femme se gantant.
2553 Roses.
2554 Nature morte.

NIELSEN (Henri), né à Gentofte. — 2, rue de la Bonne-Aventure, à Versailles.

2555 Le château de Versailles sous la neige.
2556 Le parterre du Midi, à Versailles (I).
2557 Le parterre du Midi, à Versailles (II).

NIGAUD (Paul-Louis), né à Digoin (S.-et-L.). — Voutenay-sur-Cure (Yonne).

2558 La rue du village (paysage).
2559 La cure à Voutenay (paysage).
2560 Le père Beulé (figure).
2561 Dessin humoristique.
2562 Dessin humoristique.

MAISDON (Nodsiam) (Pitre), né à Nantes. — 32, rue Pigalle (9e).

2563 Sous-verre (marrons sculptés).
2564 Sous-verre (marrons sculptés).
2565 Sous-verre (marrons sculptés).

NOURRIGAT (Emile), né à Maraussan (Hérault). — 18, r. Friant (14e).

2566 Nessus et Déjanire.
2567 Joueuse de flûte.
2568 Danseuse.
2569 Bethsabée (sanguine).
2570 Antiope (sanguine).

NURDIN (Paul), né à Neuilly-sur-Seine. — 3, rue Vercingétorix (14e).

2571 Nature morte (fleurs et pommes).
2572 Nature morte (la Marie-Jeanne).

NUTTING (Myron-C.), né aux États-Unis. — Américain. — 9, rue Falguière (15e).

2573 Portrait.
2574 Composition.

NUTTING (Elena), née aux États-Unis, Californie. — Américaine. — 9, rue Falguière (15e).

2575 La lumière.
2576 Masque.
2577 Fleurs du jardin.
2578 Mime.
2579 Amies.

OYEN (Dorine van), née à La Haye. — Hollandaise. — 229, Zuid-Wast-Buitinsingel, La Haye (Hollande).

2580 Les cacatoès blancs.
2581 La convalescente.
2582 Paysage hollandais.

OBERKAMPF (Roger-Louis), né à Lyon (Rhône). — 12, rue des Eaux, 16°.

bis
2582 *a* Notre-Dame-du-Vaudreuil.
2582 *b* Le bateau bleu.
2582 *c* La fourberie de Scapin.
2582 *d* Le voleur du « Conte d'Hiver ».

OLIVI (François), né à l'Ile-Rousse (Corse). — 30, rue Chevert (7°).

2583 L'automne.
2584 Nature morte.
2585 La neige au Luxembourg.
2586 Les quais le soir (pastel).
2587 Coucher de soleil (pastel).

OTOFSSON (Georges-A.), né à Motata (Suède). — Américain. — 4, rue Belloni (15°).

2588 Composition.
2589 Paysage.
2590 Paysage.
2591 Composition.
2592 Composition.

OPPI (Ubaldo), né à Bologne (Italie). — Italien. — 84, rue Notre-Dame-des-Champs, 6°.

*2593 Ledouble, portrait (appartient à l'auteur).
*2594 La femme enceinte (appartient à l'auteur).
*2595 Le samedi soir (appartient à l'auteur).
2596 Femme lombarde (aquarelle).
2597 Profils (aquarelle).

ORGAZ (Pascal), né à Bayonne. — 123, boulevard Ney, 18°.

2598 La chapelle de Port-Blanc (Côtes-du-Nord).
2599 Les fortifications, boulevard Ney.
2600 La chapelle Saint-Aubert (Mont Saint-Michel).

ORLOFF (Chana), né en Russie. — Russe. — 68, rue d'Assas (6°).

2601 Portrait du peintre Iaarovleff (bois).
2602 Portrait du peintre Sigrist.
2603 L'adolescent.
2604 Dessin.
2605 Dessin.

OTERO (Carlos), né à Caracas. — Vénézuélien. — 68, rue de Gergovie (14e).

2606 Jour de marché.
2607 Vieux moulin.
2608 Coucher du soleil.
2609 Croquis.
2610 Dadine.

OTT (Lucien), né à Paris. — 23, rue de Crosnes, à Villeneuve-Saint-Georges (Seine-et-Oise).

2611 Vers l'Arc-Ouest, Loguivy (Bretagne).
2612 La maison de Roc-Héat, Loguivy (Bretagne).
2613 Voile rouge, port de Loguivy (Bretagne).
2514 Pont Marie, Paris (sépia).
2615 Canal Saint-Martin, Paris (pastel).

OTT (Lucienne), né à Paris. — 23, rue de Crosnes, à Villeneuve-Saint-Georges (Seine-et-Oise).

2616 Homards.
2617 Retour du marché.
2618 Chrysanthèmes.
2619 La pivoine.
2620 Cytise.

OTTMANN (Henry), né à Ancenis (Loire-Inférieure). — 37, rue Saint-André-des-Arts (6e).

2621 Nature morte aux roses.
2622 Nature morte.
2623 Plage.

OUILLON-CARRÈRE (Fernand), né à Paris. — 11, rue des Sablons (16e).

2624 La grande côte, le Pouliguen.
2625 Bords de Marne, à La Varenne.
2626 Danseuse aux glaives (statuette bronze).
2627 La tentation de Boudha (dessin rehaussé).
2628 Honni soit qui mal y pense (aquarelle).

PAILLOT (Fortuné), né à Anzin (Nord). — 23, rue Clauzel (9e).

2629 Étude de nu.
2630 Jeux.
2631 Portrait de Mme F. Paillot.
2632 Mouvement de danse (aquarelle).
2633 Mouvement de danse (aquarelle).

PAJOT (René), né à Paris. — 3, rue Vercingétorix, 14e.

bis {
2633 a Sculpture.
2633 b Sculpture.
2633 c Sculpture.
}

PARENT (Léon-Louis), né à Armentières (Nord). — 9, rue des Apennins (17e).

2634 Rolleboise.
2635 Le barrage, Rolleboise.
2636 Sous bois.
2637 Paysage (dessin).
2638 Paysage (dessin).

PASCAL (André), né au Puy. — Presbytère de Grosrouvre (S.-et-O.).

*2639 L'entrée du parc (appartient à M. B...).
2640 Mon jardin.
2641 En forêt, derniers rayons.
*2642 Intérieur (appartient à M. B...).
*2643 Le salon (appartient à M .B...).

PASCIN (Jules), né à Viddin. — Américain. — 3, rue Joseph-Bara (6e)

2644 Hospitalité créole.
2645 L'enfant prodigue.
2646 Vieux Mexicain.
2647 Dessin.
2648 Aquarelle.

PASTRE (René), né à Paris. — 3, rue Vercingétorix, 14e.

2649 Rue au matin, Coutances.
2650 Coutances au soir.
2651 Violon.
2652 Fête au village.
2653 Coin de marché, Coutances.

PAULEMILE-PISSARRO, né à Eragny (Oise). — 14, rue Damrémont (18e).

2654 Le jardin de Vézillon.
2655 Le château Gaillard (temps gris).
2656 Le château Gaillard (soleil).
2657 Monotype.
2658 Monotype.

PAULTRE (Pierre-Georges), né à Châteaudun (E.-et-L.). — 68, rue Lhomond (5e).

*2659 Saint-Georges (appartient à M. C...).
2660 La vachère.
2661 L'abreuvoir.

PAUTOT (Emilie), née à Paris. — 8, villa Boissière, 16°.

2662 Nature morte.
2663 Marine.
2664 Marine.

PAVIE (Jean), sculpteur, né à Mamers (Sarthe).— 58, boulevard Edgar-Quinet (14°).

2665 Chasse au faucon (dessin).
2666 Furet et lapin (dessin).
2667 Oie (dessin).
2668 Oies (dessin).
2669 Vautour (dessin).

PAVIL (Mlle Lina), née à Odessa (Russie). — Française. — 22, rue de la Tour-d'Auvergne (9°).

2670 Nature morte.
2671 Nature morte.
2672 Nature morte.

PAVIOT (Louis-Claude), né à Lyon. — 63, rue Caulaincourt, 18°.

2673 Esquisse décorative.
2674 Chrysanthèmes.
***2675** Coings et Dalhias (appartient à M. Paul C...).
2676 Paysage de Savoie (dessin encre).
2677 La lettre (dessin pierre noire).

PAYRET-DORTAIL (Louis), né à Lisieux. — 3-bis, cours de Rohan (6°).

2678 Auvers-sur-Oise.
2679 Auvers-sur-Oise.
2680 Saint-Tropez.
2681 Dessin.
2682 Dessin.

PÉAN (René-Louis), né à Paris. — 86, rue Taitbout (9°).

2683 Automne.
2684 La paresseuse.
2685 Été.
2686 Frimousse.
2687 Danse.

PEINTE (Jeanne), née à Gap (Hautes-Alpes).

2688 La baie de Carqueiranne.
2689 Gros temps en Bretagne.
2690 Étude de vagues.

PEIRCE (Waldo), née à Baugor, Maine (E.-U.). — Américaine.— 77, rue de Lille (7e).

2691 Le brocandier.
2692 Nature morte.
2693 Nature morte.

PELLEGRINI (Clovis), né à Marseille. — 108, boul. de Clichy (18e).

2694 Vue de Moret.
2695 Le Loing à Moret, en novembre.
2696 Vieille barque sur la Bresle, à marée basse (Tréport).

PELLERIER (Maurice), né à Paris. — 15, rue Alphonse-Daudet (14e).

2697 Au Luxembourg (été).
2698 Au Luxembourg (hiver).
2699 Paris.
2700 Aubépines en fleurs, Luxembourg (aquarelle).
2701 Chapelle à Pierrefort (Cantal) (pastel).

PENNROZE (Lois), née à Paris. — 8, rue de Courcelles, 8e.

2702 Environs de Dinan.
2703 Bords de la Seine.
2704 Etude (Fouesnant).
2705 Panneau décoratif.

PENOT (Eugène-Edouard), né à Pithiviers (Loiret). — 223, rue de l'Université (7e).

2706 Les cerisiers.
2707 Les saules.
2708 Paysage à Précy-sur-Marne.
2709 Soleil couchant à Cayeux.
2710 Barques de pêche à Cayeux.

PENZYNA (Gustave), né à Sandomir. — Polonais. — 13 *bis*, avenue Parmentier (11e).

2711 Une vitrine de 12 objets d'art.

PEQUIN (Charles), né à Nantes. — 65, boulevard Arago (13e).

2712 Portrait de Mlle B...

PÉRAIRE (Maurice), né à Aix-en-Provence. — 197, boulevard Saint-Germain (7e).

2713 Chrysanthèmes.
2714 Fleurs d'automne.
2715 Eglise de Groslay.

PERCEVAULT (Louis), né à Paris. — 12, avenue de Châtillon (14e).

2716 Panorama Lavardin, à Montoire.
2717 Pont de Lavardin.
2718 Pont d'Austerlitz.
2719 Vue de quai.
2720 Cour d'auberge.

PERDRIAT (Hélène), née à La Rochelle. — 8, impasse Ronsin (15e).

2721 Tati.
2722 La jeune fille endormie.
2723 Au jardin.

PÉRILLARD (Jules-Louis), né à Lausanne. — Suisse. — 7, rue de Lancry, 10e.

2724 Le canal du moulin.
2725 Paysage (pêcher rouge).
2726 Paysage (ruelle de village).
2727 Dessin.
2728 Dessin.

PÉRINET (Louis-André), né à Poissy. — 33, rue des Écoles, à Villeneuve-Saint-Georges.

2729 Le moulin de mer.
2730 Côte bretonne.
2731 La mer.
2732 Paysage.
2733 Paysage.

PÉRONNE (Henri-Louis), né à Paris. — 53, rue Hoche, à Pantin.

2734 Jeux de faune.
*2735** Portrait (appartient à M. Jan).

PÉROUSE (Joseph-Marie), né à Clermont-Ferrand. — 4, rue de Serbie, à Clermont-Ferrand, et Galerie Marguy, 11, rue de Maubeuge (9e).

2736 Les Puys sous la neige (Auvergne).
2737 Marché Saint-Pierre à Clermont-Ferrand.
2738 Nu au chapeau bleu.
2739 Chez Malle-Audigier, un jour de marché (dessin rehaussé).
2740 Paysans d'Enval (dessin rehaussé).

PERRET (Jean), né à Lyon. — 235, faubourg Saint-Honoré (8e).

2741 Danse.

PERRON (Alphonse), né à Nantes. — 3, rue de Navarre (5e).

***2742** Portrait de Miss Isabel Ramsay (appartient à Miss I. R...).

***2743** Portrait de M. D.-R. Hall (Sydney) (appartient à M. D.-R. H...).

***2744** Portrait de Mistress D.-R. Hall (Sydney) (appartient à M. D.-R. H...).

***2745** Portrait de Mme G. B... (appartient à Mme G. Barge).

***2746** Portrait de M. l'abbé Grandjean, 1er aumonier de Saint-Nicolas (appartient à M. E. G...).

PERSON (Henri), né à Amiens. — 48, boulevard des Batignolles (17e).

2747 Marine.
2748 Marine.
2749 Marine.
2750 Marine (aquarelle).
2751 Marine (aquarelle).

PESKÉ (Jean). — 39, boulevard Saint-Jacques (14e).

2752 Les bords de la Seine.
2753 Nature morte.
2754 Paysage.

PETITJEAN (Hippolyte), né à Mâcon. — 5, villa du Parc-Montsouris (26, rue Nansouty) (14e).

2755 Idylle.
2756 La toilette.
2757 Femme au repos.

PETITJEAN-FURET (Armand), né à Paris. — 26, rue Lécluse (17e).

2758 Etude d'ensemble (détrempe).

***2759** Etude de tête décorative (détrempe) (appartient à l'auteur).

***2760** Etude sur une face de femme, xxe siècle (dessin rehaussé de pastel) (appartient à l'auteur).

2761 Dessin (encre de chine).

PHILLIPS (Bertha), née à New-York. — Américaine. — 5, rue Honoré-Chevalier, 6e.

bis { **2761** a Un vieux peuplier.
{ **2761** b Sentier dans les bois.
{ **2761** c Chalet agreste.

PETROVITCH (Miodrag), né à Belgrade (Serbie). — Serbe. — 11,
rue de Vaugirard (6e).

*2762 Portrait de Mlle M...
2763 Etude.
2764 Etude.

PICABIA (Francis), né à Paris. — 14, rue Emile-Augier, 16e.

bis { 2764 a Le lierre unique eunuque.
2764 b Le double monde.

PICART LE DOUX, né à Paris. — 13, rue Paul-Féval (18e).

2765 La cueillette.
2766 Montval (paysage).
2767 Les poissons.
2768 Dessin.
2769 Dessin.

PICARD (Dominique), né à Paris. — 202, rue de Courcelles, 17e.

bis { 2769 a Etude.
2769 b Jardin en fleurs.
2769 c Coin de route.

PICHON (Mme Suzanne), née à Nancy. — 41, rue Poussin, 16e.

2770 Saint-Paul.
2771 Lac bleu et maison rose.
2772 Tourrette-sur-Loup.

PICHOT (Ramon), né à Barcelone. — Espagnol. — 2, rue de l'Abreuvoir, et 5, rue des Saules (18e).

2773 Sardana, danse espagnole.
2774 En Espagne.
2775 En Espagne.
2776 Types espagnols.
2777 Types espagnols.

PIERRE HODÉ, né à Rouen. — 13, place Emile-Goudeau (18e).

2778 Peinture.
2779 Peinture.
2780 Peinture.

PIET (Fernand), né à Paris. — 35, rue Lamarck (18e).

2781 Paysage de Seine (Ile-de-France).
2782 Foire (Bretagne).
2783 Le cirque aux fortifs, porte Clignancourt.
2784 Bigoudaine (épreuve d'artiste).
2785 Enfant au ballon (épreuve d'artiste).

PINA (Alfredo), né à Milano. — Italien. — 16, impasse du Maine, 14°

bis { 2785 *a* Episode de « L'Enfer du Dante » (comte Ugo-
lin, archevêque Ruggieri) (cire).
2785 *b* Extrême effort (bronze).
2785 *c* Nu de femme accroupie (marbre).

PINAL (Fernand), né à Bruyères-et-Montbérault (Aisne). — 3, villa
Brune (14°).

*2786 Portrait (appartient à M. X...).
2787 Paysage.
2788 Paysage.
2789 Les moulins de Meaux (eau forte).
2790 L'église de Saint-Gengoulph (Aisne) (bois).

PIOTROWSKI (Waclaw), né à Varsovie. — Polonais. — 403, rue
de Vaugirard (15°).

bis { 2790 *a* Tête.
2790 *b* Tête.
2790 *c* Tête.

PIVAND (Henri-Victor), né à Paris. — Jouy-la-Fontaine, par Mau-
recourt (Seine-et-Oise).

2791 Paysage.
2792 Temps gris (paysage).
2793 Paysage.

PLANAS (Pau), né à Barcelone. — Espagnol. — 81, rue Belliard (18°).

2794 Paysage à Bièvres.
2795 Intérieur.

PLESSIS (Charlotte), née à Paris. — 22, rue de Staël, 15°.

2796 Paysage.
*2797 Etude (appartient à Mlle B...).
*2798 Etude (appartient à l'auteur).
*2799 Coussin.
*2800 Coussin.

PLESSIS (Marguerite), née à Bordeaux. — 22, rue du Staël (15°).

2801 Etude.
2802 Peinture.

POINT (Maurice-Raphaël-Quentin), né à Saint-Quentin. — 90, boulevard Raspail (6e).

   *2803   Portrait de Mme P...
   2804   Etude.
   2805   Etude.
   2806   Etude (pastel).
   *2807   Etude (pastel).

POITEUX (Marie-Victorin-Augustin), né à Mailly-Raineval (Somme).
64, rue de l'Amiral-Roussin (15e).

   2808   « Muflée » aristocratique.
   2809   « Cuite » prolétarienne.
   2810   Bistrot Rex.
   2811   Troquet Imperator.
   2812   Crustacés.

POLOVETSKI (Charles-E.), né à New-York. — Américain. — 99,
rue de Vaugirard (6e).

   2813   Suzanne.
   *2814   Portrait de M. L. Stein.
   2815   Le phare, Belle-Isle.
   2816   Jardin des Tuileries.
   2817   Coucher de soleil, à Michigan.

PONTOY (Henri-Jean), né à Reims. — 46, rue La Bruyère (9e).

   2818   Portrait de Mlle J. P...
   2819   Retour des travailleurs en Toscane (détrempe).
   2820   Paysage de Toscane.
   2821   La villa d'Este, Tivoli (aquarelle).
   2822   Etude d'Italienne (sanguine).

POPINEAU (François-Emile), né à Saint-Amand (Cher). — 52, rue
Lhomond (5e).

   2823   Diane (plâtre).

PORTAL (Henry), né à Paris. — 24, rue Eugène-Millon (15e).

   2824   Paysage.
   *2825   Maison derrière les pins.
   2826   A Semur.

PORTAL (Emile), né à Marseille. — 103, rue de Ménilmontant (20e).

   2827   La femme en vert.
   2828   Montagnes à Lourdes (H. P.).
   2829   Nature morte.

POULETTO, né à Bordeaux. — 7, boulevard Beauséjour (16e).

2830 Le grand soir.
2831 Le Plomouch, Douarnenez.

PRAT (Valentine), née à Bône (Algérie). — 35, rue Rousselet (7e).

2832 L'atelier.
2833 Le déjeuner.
2834 Nus.
2835 Composition (aquarelle).
2836 Paysage (aquarelle).

PRÉVILLE (Andrée), née à Paris. — 5, rue José-Maria-de-Hérédia (7e).

2837 Musique pour distraire Fatima.
2838 Courtisane mauresque.
2839 Le bain.

PRIMAVERA.

2839 *bis* Une vitrine d'objets d'art décoratif.

PRINGAULT (Mlle Julia) née à Rennes. — 5 *bis*, villa de Villiers, 72, boulevard Victor-Hugo, à Neuilly-sur-Seine.

2840 Frise.
2841 Panneau décoratif (vases fleuris).
2842 Panneau décoratif (vases fleuris).
2843 Motif décoratif (aquarelle).
2844 Motif décoratif (aquarelle).

PRODHON (Emile-Auguste), né à Paris. — 25, rue des Vinaigriers (10e).

2845 Le canal au pont de Charenton.
2846 Vieilles maisons sur l'Ocre (Yonne).
2847 Soleil couchant bord de l'Ocre (Yonne).
2848 La Seine à Etiolles (S.-et-O.) (aquarelle).
2849 Bord de la Seine, Soisy (S.-et-O.) (aquarelle).

PROST (Gaston), né à Paris. — 62, rue de Rennes (6e).

2850 Le Pont-Neuf à l'automne.
2851 Les bords du Lez, derniers rayons.
2852 Le matin à Villeneuve-l'Etang.
2853 La rue Brisemiche, vieux Paris (pastel).
2854 La rue de Venise, vieux Paris (pastel).

PUVREZ (Henri), né à Bruxelles. — Belge. — 30, avenue des Chalets, Bruxelles, par Boisfort (Belgique).

2855 Portrait de mon fils.
2856 Femme enceinte.

PUY (Jean), né à Roanne. — 128 *bis*, boulevard de Clichy.

bis {
2856 *a* Une après-midi.
2856 *b* Paysage.
2856 *c* Paysage.

QUELVÉE (François-Albert), né à Évreux. — 9, rue Falguière, 15e.

2857 Les Girls dansent la « Chanson du Printemps ».
2858 Marigny-Tango : le nègre et la femme du monde.

QUENTIN-MILLE (Marthe), née à Reims. — 62, boul. Barbès, 18e.

2859 Jeune fille aux bleuets.
2860 La glaneuse.
2861 Nature morte.

QUESNEL (Robert-Cam.), né à Paris. — 278, boulevard Raspail, 14e.

2862 Paysage provençal.
2863 Colline de Sainte-Anne (Saint-Tropez).
2864 Port de Douëlan (Finistère).
2865 Paravent (art décoratif).

QUILLIEN (Paule-Yvonne), née à Paris. — 157, rue de la Convention (15e).

2866 Nu.
2867 Etude.
2868 Etude.

QUIZET (Léon-Alphonse), né à Paris. — 20, villa Félix-Faure (19e).

2869 Paysage de Montmartre.
2870 Paysage de Montmartre.
2871 Paysage de Montmartre.
2872 Rue à Montmartre (aquarelle).
2873 Rue à Montmartre (aquarelle).

RABOIN (Daniel-André-Maurice), né à La Tronche (Isère). — 11 *bis*, rue d'Auteuil (16e).

2874 Village du Lyaud (Haute-Savoie).
2875 Saint-Antoine-en-Vallouise (Hautes-Alpes).
2876 Les Martigues (Bouches-du-Rhône).

RABUSSON (Zina-Feodorovna), née à Perm (Russie). — Française. — 12, avenue de la République, à Poissy (Seine-et-Oise).

2877 Bégonias (aquarelle).
2878 Fleurs (aquarelle).
2879 Paysanne russe (aquarelle).
2880 Prisonnière des fleurs (dessin encre de chine et crayon.
2881 Adieu (fusain).

RAGONNEAUX (Frédéric), né à Bordeaux. — 14, cité Falguière (15e).

2882 Vieille cité.
2883 Sur la Lizaine (Haute-Savoie).
2884 Matinée d'automne.
2885 Sur les quais (fusain).
2886 Dans les ruines (plume).

RAINGO-PELOUSE (Germain), né à Paris. — 22, rue d'Assas, 14e.

2886 a Etude de nu.
2886 b Paysage (Villeneuve-lès-Avignon).
bis **2886** c Nature morte.
2886 d Portrait (fusain).
2886 e Paysage (fusain) (Villeneuve-lès-Avignon).

RAMEY (Henry), né à La Fère (Aisne). — 6, rue Desaix (15e).

2887 La dame au manteau gris.
2888 Paysage corse.
2889 Tête de vieille.
2890 Nu (aquarelle).
2891 Nu (aquarelle).

RAMOND (Paul), né à Toulouse. — 3, place Intérieure-Saint-Michel, à Toulouse.

2892 Etude de chataigniers (Hérault).
2893 Pommiers fleuris, en Roussillon.
2894 Etude de chataigniers (Hérault).

RAVERAT (Jacques-Pierre), né au Havre. — Nouvel Hôtel, Vence (Alpes-Maritimes).

***2895** Baigneurs (1919).
***2896** Baigneuses (1920).
2897 La falaise de Ragerval.

RAVLIN (Mlle Grace), née en Illinois (Etats-Unis). — Américaine.
— Chez M. L. Lefebvre-Foinet, 19, rue Vavin (6e).

2898 Nature morte.
2899 Fleurs.
2900 Fleurs.

RAVOT (Camille), né à Villenauxe (Aube). — 37, rue des Morillons (15e).

2901 Buste : Mac Sweeney, lord maire de Cork (plâtre).
2902 Buste de poilu (plâtre).
2903 Bas-relief : tête de République (marbre).
2904 Paysages (gravure sur bois).

RAYMOND (Charles), né à Paris. — 4, rue Jean-Leclaire (17e).

2905 Paysage, environs d'Orange (Vaucluse) (aquar.).
2906 Tête de femme (aquarelle).
2907 Paysage : Meudon, porte des Capucines (aquar.).
2908 Etude (nu de femme) (dessin lavis encre de Chine).
2909 Paysage, rue du Grenier-sur-l'Eau, vieux Paris (dessin rehaussé de couleurs).

REGNIAULT (Mme Marguerite-Henri), née à l'Ile-Bouchard (Indre-et-Loire). — 10, avenue de l'Opéra (1er).

2910 Vieille porte à Venise.
2911 Venise, rio de Mendicanti.

RÉGNIER (André), né à Paris. — 3, rue d'Avron (20e).

2912 Au jardin.
2913 La sieste.
2914 Paysage.

REIMANNS (Richard), né à Maëstricht (Hollande). — Hollandaise. — 65, boulevard Arago (13e).

2915 « Poulido fruto !... l'heure du fruit !... »
2916 La Sylvanie.
2917 Andréa.
2918 A la fontaine (dessin).
2919 Gardeuse de dindons (dessin).

REIMBOLTE (Jeanne), née à Puiseaux (Loiret). — Villa de Bois-Joli, à Saint-Honoré-les-Bains (Nièvre).

2920 Bouleaux et bruyères, forêt du Défend, Saint-Honoré-les-Bains.
2921 Le Défend l'hiver, Saint-Honoré-les-Bains.
2922 Soleil couchant, à Saint-Honoré-les-Bains.

RENDU (Marcel), né à Paris. — Le Hublot-Menton (Alpes-Maritimes).

    2923 Paysage à Menton.
    2924 Menton vu du cap Martin.
    2925 Femme lisant.

RENÉ-JUSTE (I.-C.), né à Paris. — Saint-Pierre-lès-Nemours (Seine-et-Marne).

    2926 Soir en Creuse.
    2927 La forêt brûlée.

RENO-HASSENBERG (Irène), née à Varsovie. — Polonaise. — 8 *bis*, rue Campagne-Première (14e).

    2928 Enseigne pour fruiterie.
    2929 Enseigne pour traiteur.

RENOUF (Pierre), né à Englesqueville-la-Percée (Calvados). — 11, rue de Toulouse à Rambouillet (S.-et-O.).

bis
    2929 *a* Capucines.
    2929 *b* Capucines.
    2929 *c* Nouvelles du soir.
    2929 *d* Tête (étude) (dessin).

RÉTIF (Maurice), né à Sancoins (Cher). — 7, rue Severo (14e).

    2930 Les crevettes roses.
    2931 L'écluse.
    2932 Les premiers pas.

REYMOND (Carlos), né à Paris. — 7, rue Daru, 8e.

    2933 Paysage.
    2934 Figure.
    2935 La terrasse.
    2936 Aquarelle.
    2937 Aquarelle.

REYNAUD (Juliette), née à Marseille. — 24, rue Pierre-Nicole (5e).

    2938 Les Pins.
    2939 Vieux port de Marseille.
    2940 Cerisier en fleurs.

REYNAUD-WAGMEESTER (Pauline-Sylvie), née à Paris. — 68, rue du Château, à Boulogne-sur-Seine.

    *****2941** Marine (appartient à l'auteur).
    *****2942** Marguerites (appartient à l'auteur).
    *****2943** Cadre décoratif (appartient à l'auteur).

RIBEAUCOURT (Jules), né à Maubeuge. — 5, rue Nobel (18e).

2944 La calle à Sanary.
2945 Port provençal.

RICHARD (Jules), né à Paris. — 64, rue Rambuteau (3e).

2946 Lever de lune sur le port de Cheffes-sur-Sarthe.
2947 Ciel d'orage dans la plaine de St-Michel.
2948 Église de Ploaré (Finistère).

RIGNY (Alfred), né à New-York. — Américain. — 9, rue Falguière (15e).

2949 Village corse.
2950 Peinture.
2951 Rochers et arbres.
2952 La maison sur la plage.

RIOUX (Henri-Ernest), né à Bois-Colombes. — 32, rue Gabrielle (18e).

2953 Paysage.
2954 Paysage.
2955 Paysage.
2956 Aquarelle.
2957 Aquarelle.

RISLER (Jacques), né à Lœrrach. — Suisse. — 6, rue Desaix (15e).

2958 Coin de rue.
2959 Rue à Corgèse.
2960 Montagnes (Corgèse) (dessin).
2961 Maisons (dessin).

ROBERT (Lucien), né à Paris. — 95, rue Nollet, 17e.

2962 Vue de Menton (Alpes-Maritimes).
2963 Nice (clair de lune).
2964 Cap d'Ail (route de la Corniche).
2965 Cap d'Antibes et l'Estérel (pastel).
2966 Roches (Tyrol) (pastel).

ROBERT (Théophile), né à Neuchâtel. — Suisse. — 46, rue de l'Arbre-Sec, 1er.

2967 Portrait de jeune fille.
2968 Dimanche d'été.

ROBERTY (André), né à Paris. — 59, rue Caulaincourt (18°).

2969 Sous les pins.
2970 Coing et poivrons.
2971 Nature morte.
2972 Marine (panneau décoratif).
2973 Le grand pin (panneau décoratif).

ROBIN (Guito), né à Villers-sur-Mer (Calvados). — Montigny-sur-Loing (Seine-et-Marne).

2974 Tuberculeuse.
***2975** Portrait de Mme Henri Gounin.
2976 La gloire!
***2977** Portrait de M. J. B...
***2978** Portrait de M. A. A...

ROCHE (Marcel), né à Paris. — 4, impasse Girardon (18°).

2979 La fête à Villequier.
2980 Paysage normand.
2981 Danseuses.
2982 14 Juillet (dessin rehaussé).
2983 Composition (dessin rehaussé).

ROLAND-MANUEL (Suzanne), née à Eu (Seine-Inférieure. — 42, rue de Bourgogne (7°).

2984 Un groupe de quinze poupées sous vitrine.

ROLL (Marcel-Philippe), né à Paris. — 15 *bis*, rue Chaptal, à Levallois.

2985 Etude d'arbres (septembre).
2986 Etude d'arbres (septembre).
2987 Etude d'arbres (octobre).
2988 Arrangement.
2989 Croquis.

ROLLET-VAUCAMPS (Edith-Léone), née à Maubeuge. — 24, passage d'Enfer (14°).

2990 Nocturne (environs de Boulogne-sur-Mer).
2991 Sortie de salut à St-Séverin (nocturne).
2992 Etude de lumière.
2993 Panneau décoratif pour un intérieur beige et orange.

ROSAINE (Clem), né à Delme (Lorraine). — 43, rue de Douai
(chez M. Godin).

2995 Sérénité.
2996 Maternité.
2997 Coquetterie.
2998 Quelques minutes de quiétude (croquis rehaussé de couleurs).
2999 Leçon de crochet à l'hôpital (dessin rehaussé de couleurs).

ROSPIGLIOSI (Ferdinand), né à Rome. — Italien. — 4, rue Caroline (17e).

3000 Rome.
3001 Venise.
3002 Campagne romaine.
3003 Place Pigalle.
3004 Sacré-Cœur.

ROSSI (Joseph), né à Plaisance (Italie). — Italien. — 26, rue du Départ (15e).

3005 Les chrysanthèmes.
3006 Les renoncules.
3007 Effet d'eau.
3008 Nu dans le coussin (pastel).
3009 Nu dans le coussin (pastel).

ROUART (Ernest), né à Paris. — 40, rue de Villejust (16e).

3010 Fillette dans un jardin.
3011 Femme nue.
3012 Paysage.

ROUBAUD (Jean-Baptiste), né à Marseille. — 7, rue de l'Arrivée, à Enghien-les-Bains.

3013 Effet de mistral à la Corniche (Marseille).
3014 Bord de mer (Marseille).
3015 L'Ile Rousse (Bandol).

ROUBILLOTTE, né à Paris. — 8, rue André-del-Sarte (18e).

3016 Chat.
3017 Chat.
3018 Chat.
3019 Chat.
***3020** Chats (appartient à l'auteur).

ROUQUAYROL (Georges), né à Villefranche (Rhône). — 36 *ter*, rue de la Tour-d'Auvergne (9e).

3021 Femme en noir.
3022 Dessin.
3023 Dessin.

ROUQUET (Auguste), né à Carcassonne. — 71, boulevard Malesherbes (8e).

3024 L'écluse.
3025 Le jardin.
3026 Llansa (Espagne).
3027 La cité de Carcassonne (bois gravé).
3028 Les Tuileries (bois gravé), album en préparation.

ROURE (Auguste-Louis), né à Avignon. — 3, rue du Petit-Paradis, à Avignon (Vaucluse).

3029 Paysage de Provence.
3030 Paysage du Languedoc (Chênes verts).
3031 Paysage du Languedoc (rochers).

ROUSAUD (Aristide-Charles-Louis), né à Rivesaltes (Pyrénées-Orientales). — 13, rue Ledion (14e).

3032 Buste marbre (Hélène).
***3033** Buste bronze (appartient au docteur Noé).
3034 Buste plâtre (Germaine).
***3035** Portrait fusain de femme (appartient à Mme Danel).
***3036** Portrait fusain d'homme (appartient à M. Henri Rousaud).

ROUSSELET (Etienne), né à Paris. — 27, promenade des Anglais, à Nice.

bis { **3036** *a* Femme au coussin bleu.
3036 *b* Repos dans la forêt.
3036 *c* Femme au collier d'émeraude.
3036 *d* Fleurs d'amandier.
3036 *e* Au bar de la Grande Bleue.

ROUSTAN (Emile). — 24, rue Mayet (6e).
3037 L'étang de Danet.

3038 Fleurs.
3039 Peinture.

ROUVEAU (Antoinette), née à Paris. — 90, avenue du Maine (14e).

3040 La baie des Anges.
3041 La maison blanche.
3042 Vue sur la montagne (Monte-Carlo).
***3043** Portrait de Mlle S. F... (appartient à l'auteur).
3044 Effet de neige (pastel).

SABBAGH (G.-H.), né à Alexandrie (Egypte). — Egyptien. — 10, rue Philibert-Delorme (17e).

3045 Synthèse de Ploumanach.
3046 Nu.

SAIDA CENT NOUR ED-DINE (Mlle), née à Alép. — Arabe. — Chez Mme Van Driesten, 31 bis, rue Campagne-Première, 14e.

bis {
3046 a Felouque au bord de l'Oued.
3046 b Les délices du sage (nature morte).
3046 c Vision parfumée (fleurs).

SAINT-DELIS (René de), né à Saint-Omer. — 8, rue Emile-Zola, Le Havre.

3047 La tempête.
3048 Port de Honfleur.
3049 Bassin Vauban au Havre.

SAINT-LOUIS-CASSIN (Pierre), né à l'Ile Nou (Nouvelle-Calédonie). — 61, rue de Lévis (17e).

3050 Le Temple de Janus, Autun (S.-et-L.).
3051 Intérieur de musée, Autun (S.-et-L.).
3052 Paysage autunois.

SAINT-PAUL (Jean), né à Paris. — 24, avenue Trudaine, 9e.

3053 Lointains (paysage).
***3054** Portrait de M. A. Borrel, sous-secrétaire d'Etat (appartient à M. Borrel).
***3055** Portrait de M. L. Auscher, vice-président du Touring-Club de France (appartient à M. Auscher).
3056 La rade de Toulon.
3057 Cabane de douaniers.

SALA (Jean), né à Barcelone. — Espagnol. — 68, boulevard Edgar-Quinet (14e).

3058 Une vitrine (pâtes de verre).

SALA (Joaquim), né à Barcelone. — Espagnol. — 14, r. Humblot (15e).

3059 Une vitrine (pâtes de verre).

SALIGNAC (Clémentine), née à Toulon. — 71, rue de l'Assomption (16e).

bis {
3059 *a* Fleurs de poirier.
3059 *b* L'évier.
3059 *c* Pivoines.

SAMLICKI (Martin), né à Cracovie. — Polonais. — 3, rue de l'Ouest, à Sèvres.

3060 Un peintre dans son atelier.
*** 3061** Portrait de Mlle Dettloff.
*** 3062** Portrait de M. Joseph Lubecki.
3063 Maternité (gravure sur bois).
3064 Une vieille femme du Puy (gravure sur bois).

SANCERY (Marcelle-Colombine), née à Paris.— 17, r. Norvins (18e).

3065 Portrait (religieuse).
3066 Portrait (jeune fille).
3067 Maori en chasse.
3068 Dessin (étude).
3069 Dessin (étude).

SARCILLY (Pierre de), né à Beine (Marne). — 30, avenue du Chesnay, à Chelles (Seine-et-Marne).

3070 Détente.
3071 Naïveté.
3072 Vétusté.
3073 Régions dévastées (aquarelle).
3074 Régions dévastées (aquarelle).

SARDIN (Albert-Edmond), né à Arcis-sur-Aube (Aube). — 9, rue Falguière (15e).

3075 Route au printemps.
3076 Mère et enfant.
3077 Pivoines.
3078 Dessin.
3079 Dessin.

SARDOU (Marie-Paule-Odette-Juliette), née à Paris. — 31, rue de Seine (6e).

*** 3080** Port de la Rochelle (appartient à l'auteur).
3081 Nature morte.
3082 Matin à La Rochelle.
*** 3083** Pont des Arts (aquarelle), appartient à l'auteur.
*** 3084** Nature morte (aquarelle), appartient à l'auteur.

SARFATI (Albert), né à Sétif (Algérie). — 11, rue Faustin-Hélie (16e).

3085 Jeune fille au divan.
*3086 De ma fenêtre (Rosmeur Hostellerie), appartient
à l'auteur.
*3087 Soucis et pois de senteur (appartient à l'auteur).
3088 Etude de nu.
3089 Etude de tête.

SASSY (Stany), né à l'Ile de la Réunion. — 63, rue de Seine (6e).

3090 Printemps au Canebas, Carqueiranne (Var).
3091 Pommes.
3092 Rochers, le soir (Carqueiranne (Var).

SAUPIQUE (Georges), né à Paris. — 105, rue Notre-Dame-des-Champs (6e).

3093 Torse de femme (plâtre).
3094 Tête de femme (plâtre).
3095 Tête d'homme (plâtre).

SAURET (Frédéric-Alexandre-Honoré), né à Marseille. — 7, rue Papassaudi, à Aix (Bouches-du-Rhône).

3096 Paysage (La terrasse).
3097 Nature morte (fruits).
3098 Paysage, le matin (effet de brume).

SAUTIN (René), né à Montfort-sur-Risle. — Rue Meurdrac, aux Andelys (Eure).

3099 La Seine au Petit Andely.
3100 Le Petit Andely.
3101 La Seine au Chantier.

SAUVAYRE (Maurice), né à Paris. — Saint-Cyr-sur-Morin (Seine-et-Marne).

3102 Liseuse.
3103 Village d'Archet (Ile-de-France).
3104 Maisons dans la vallée.

SAVIN (Maurice-Timmy), né à Valence. — 7, rue Rollin, 5e.

3105 L'attente.
3106 Boîte de nuit.
3107 Coin de Vitry-sur-Seine.
3108 Paysage (aquarelle).

SCHALLER-MOUILLOT (Charlotte), née à Berne. — Française. — 38 *bis*, rue Boulard (14e).

3109 Au village.
3110 Nature morte.
3111 Les dominos (gouache).
3112 La tasse de lait (gouache).

SCHATZMANN (Edouard), né à Berne. — Suisse. — 53, quai de Bourbon (4e) (Adresser les lettres : 30, rue des Dames (17e) du 1er janvier au 1er avril).

3113 Bords du Rhône à Vion.
3114 Château de Serves.
3115 Chardons (bords du Rhône).
3116 Soir (bords du Rhône).
3117 Orage (bords du Rhône).

SCHERRER (Cécile-Pauline), née à Clermont-Ferrand. — 4, rue Camille-Tahan (18e).

3118 Automne.
3119 Orage dans les montagnes.

SCHŒFFEL-DENIEL (Edouard), né en Alsace. — Français. — 3, rue de l'Ecole-de-Médecine (6e).

3120 Dans les dunes (Dunkerque).
3121 Soir, moutons.
***3122** Portrait.
3123 Basse-cour (aquarelle).

SCHŒN (Daniel), né à Mulhouse. — Français. — 11, place de Bordeaux, à Strasbourg.

3124 Matinée d'automne près Strasbourg.
3125 San Carlo al Corso (Rome).
3126 Brouillard sur le canal.
3127 Brume du matin sur St-Amarin.
3128 Le canal en hiver.

SCHREIBER (Georges), né à Paris. — 3, rue Jules-César (12e).

3129 Paysage automne.
3130 Soir d'avril.
3131 Etude (paysage).
3132 Aquarelle.
3133 Aquarelle.

SCHUH (Joseph), né à Losheim. — Français. — 41, rue Taitbout (9e).

3134 Vittel (Vosges) (étude).
3135 Villeneuve-St-Georges (étude).
3136 Boulogne-sur-Mer (étude).

SCHUTZ (Emile), né à Paris. — 24, rue du Marché, à Levallois.

3137 Saint-Cloud (automne).
3138 Saint-Cloud (automne).
3139 Saint-Cloud (automne).

SCHWARZ (Marek), né à Zgierz. — Juif. — 39, boul. Lefebvre (15e).

3140 La femme assise.
3141 Nue.
3142 Nue.
3143 Paysage (gouache).
3144 Paysage (gouache).

SCHWETTA (Alexandre), né à Riga. — Russe. — 27 bis, avenue du Parc-Montsouris (14e).

3145 Dans l'ombre.
3146 Bas-Meudon (vue de la maison de Rodin).
3147 La Seine à Billancourt.
3148 Au restaurant (gouache).
3149 Illustration.

SCOSSA (Ferdinand), né à Asnières. — 4, rue Frédéric-Bastiat (8e).

3150 Coin sur l'Adour (Vic-Bigorre).
3151 Jardin à Chelles.
3152 L'Uzerthe à Vic-Bigorre.

SÉEBERGER (Jules), né à Vienne (Isère). — 13, rue Fénelon (10e).

3153 Japonaiserie.
3154 Après le bain.
3155 Lilia.
3156 Le galant papillon (pastel).
3157 Un peu... beaucoup... (pastel).

SEEVAGEN (Lucien), né à Chaumont (Haute-Marne). — 8, rue de la Grande-Chaumière, 6e.

3158 Fileuse morvandelle.
3159 Paysage.
3160 Nature morte.

SEGUIN (Arsène), membre fondateur, né à Saint-Malo. — 10, rue Auguste-Buisson, à La Garenne-Colombes.

3161 Bras de Seine à Poissy.
3162 Embarcadère de Dinard.
3163 Entrée du port de Saint-Malo.

SEGUIN (Nicolas-Alexandre), né à Paris. — 39, rue d'Alsace (10e).

3164 Reines claudes.
3165 Poires et raisin.
3166 Oranges.
3167 Giroflées (pastel).

SEGUIN-BERTAULT (Paul), né à Châteaurenault (Indre-et-Loire).
68, rue d'Assas (6e).

3168 Le modèle.
3169 Au foyer (Opéra).
3170 Mlle Chivert.
3171 Pastel.
3172 Pastel.

SELMERSHEIM-DESGRANGE (Jeanne), née à Paris. — 14, rue de l'Abbaye (6e).

3173 Rascasse et citrons.
3174 Thé et fruits.
3175 Bouquet de dalhias.
3176 Nature morte (aquarelle).
3177 Fleurs (aquarelle).

SERLET (Ferdinand), né à Paris. — 14, rue Borromée (15e).

***3178** Cavaliers marocains (appartient à M. N...).
***3179** Une place (Maroc) (appartient à M. N...).
3180 Chameaux et conducteur.
3181 Le charmeur de serpents.
3182 L'adoration.

SERMAISE-PÉRILLARD (Louise), née à Paris. — 7, rue de Lancry (10e).

***3183** Portrait (femme en costume de cheval), appartient à Mme de T...
3184 Nature morte (panier).
3185 Nature morte.
3186 Un coussin.
3187 Dessin.

SERREPUY (J.), né à Pierrelate (Drôme). — 9, avenue Faidherbe, à Asnières (Seine).

3188 Clair de lune.
3189 Paysage.
3190 Paysage.

SÉRUSIER (Paul). — 70, boulevard Edgar-Quinet (14e).

3191 Nature morte jaune.
3192 Nocturne.
3193 Les quatre fileuses.

SÉVEAU (Georges), né à Poitiers.— 91, r. de l'Amiral-Mouchez (13e).

3194 Place du Pont-Neuf.
3195 Saint-Médard.
3196 Rue Saint-Antoine.
3197 Rue du Jour.
3198 Rue de Beaujolais.

SHORE (Bethea-E.), né à Cuttack (Indes anglaises). — Anglaise. — 38, Harrington Gardens, à Londres S. W. 7.

3199 Venise, la fin d'une journée.
3200 Venise, Isola di San Michele.
3201 Venise, le Campanile.

SICARD-CERRINA (Marguerite), née à Lyon.— 23, rue de Seine (6e).

3202 L'appel de la C. G. T.
3203 Sous la tonnelle.
3204 Etude de roses.
3205 Etude.
3206 La robe bleue.

SIGNAC (Paul), membre fondateur, né à Paris. — 14, rue Lafontaine, 16e.

3207 Notre-Dame de Paris.
3208 Mont-Blanc (rose).
3209 Mont-Blanc (orangé rose).
3210 L'eucalyptus.
3211 La Rochelle.

SILBERT (Max), né à Odessa (Russie). — Français .— 114, rue Caulaincourt (18e).

3212 Baigneuses.
3213 Les ravaudeuses.
3214 Retour d'église (Flandre).
3215 Aquarelle (coin de tranchée).
3216 Aquarelle (au petit poste).

SILVA BRUHNS (Yvan da), né à Paris. — 3, avenue du Château, à Neuilly-sur-Seine.

3217 Paysage.
3218 Paysage.
3219 Paysage.

SILZ (Edith), née à Nantes. — 15, rue Gœthe (16e).

3220 Les zinnias.
3221 Les reines-marguerites.
3222 Les glaïeuls.
3223 Fruits d'automne.

SIMON (Georges-Alphonse), né à Noisy-le-Grand (Seine-et-Oise). 9, rue Madeleine, Saint-Ouen (Seine). —

3224 Intimité.
3225 Nature morte.
3226 Paysage.

SIMON (Jacques-Roger), né à Paris. — 4, rue Coëtlogon (6e).

3227 Rue de village.
3228 Maison blanche.
3229 Verger.

SIMON-LÉVY, né à Strasbourg. — Français. — Rue Campagne-Première (14e).

3230 Portrait.

SIMONNET (Georges-Gaston), né à Pleurs (Marne). — 172, rue Cardinet (17e).

3231 Vieux four (Vendée).
3232 Bergerie (Vendée).
3233 Chemin creux (Vendée).

SINET (André), né à Villennes (Seine-et-Oise).

3234 Paysage irréel.
3235 Masque d'Anatole France.
3236 Portrait impromptu.
3237 Tête d'Espagnole (pastel).
3238 Profil d'Hindoue (détrempe).

SIVADE (André), né à Nice. — 93, rue de Maubeuge (9e).

3239 Jardins de la villa d'Adrien (Tivoli).
3240 Rade de Bormes, le soir.
3241 Pins penchés (Le Lavandou).
3242 L'Estaque.
3243 La pomme.

SKRYPITZINE (Oleg), né à Marseille. — 18, impasse du Maine (14e).

3244 Femme dans la ville.
3245 Peinture.
3246 Peinture.

SMITH (Francis), né à Lisbonne. — Portugais. — 44, rue des Martyrs (9e).

3247 Au balcon.
3248 Paysage.
3249 Paysage.

SŒRENSEN (Henrik), né à Vaermland (Suède). — Norvégien. — 29, rue Boulard (14e).

3250 Inferno.

SOHEK (Louis), né à Paris. — 14, rue Saint-Lazare (9e).

3251 Femme au chapeau rouge.
3252 Gémier.
3253 Etude en vert.
3254 Femmes.
3255 Intérieur.

SONDEREGGER (Jacques-Ernest), né à Thusis (Suisse). — Suisse. — 6, avenue Lucie, à Sèvres (Seine-et-Oise).

3256 La chute de la maison Usher (tryptique, dessin).
3257 L'homme des foules (dessin à la plume).
3258 La caisse oblongue, d'après Poë (dessin à la plume).
3259 Frontispice pour les Drames de Strindberg (gravure sur bois).
3260 Frontispice pour les Nouvelles Histoires extraordinaires (gravure sur bois).

SONNEVILLE (Georges Préveraud de), né à Nouméa (Nouvelle-Calédonie. — 23, rue du Couvent, à Bordeaux.

3261 Colette et ses cousins.
3262 Aquarelle.
3263 Aquarelle.

SOULL'ARD (Louis), né à Saint-Lô. — 8, rue Guiton, à La Rochelle, et 27, villa Deshayes, rue Didot (14e).

3264 Port de La Rochelle.
3265 Environs de Nantes (S.-et-O.)
3266 L'éternelle comédie.
3267 Vue du port de La Rochelle (dessin rehaussé).
3268 Moulin aux Villages (Ile de Ré).

OYER (Henriette), née à Paris. — 20, rue Chalgrin (16e).

3269 Pivoines.
3270 Pavots.
3271 Roses.

STABROWSKI dit STABI (Edmond), né à Varsovie. — Polonais. —
18, rue de Chabrol (10e).

3272 Nu de femme.
3273 Un coin de salon.
3274 Paysage «Grand Bay ».
3275 Fusain.
3276 Cora Laparcerie (aquarelle).

STERN (Mlle Alice), née à Paris. — 14, rue de la Cure, 16e.

bis
3276 a Fouillis d'automne.
3276 b Corbeille de gentianes.
3276 c Eucalyptus.
3276 d Gouache.
3276 e Médaillon décoratif.

STILLER (Victor), né à Mandalay (Birmanie). — Anglais. — 78,
rue Lafayette (9e).

3277 Au bord de l'eau.
3278 Vase et fruits.
3279 Coucher de soleil.

STOYANOVITCH (Sretain), né à Priedor (Bosnie). — Yougo-Slave.
— 14, cité Falguière (15e).

*3280 Mon père (buste granit) (appartient à l'auteur).
*3281 Ma mère (buste bronze) (appartient à l'auteur).
3282 Etude (plâtre).
3283 Dessin au crayon.
3284 Dessin au crayon.

STREIB (Georges), né à Paris. — 1 bis, rue Friant (14e).

3285 Margot et Rosette.
3286 Le charmeur.
3287 Tobbie a soif.
3288 Coin de jardin.
3289 La chaumière.

SUE (Gabriel), né à Marseille. — Servauches, par Sainte-Aulaye
(Dordogne).

3290 Les dernières charrettes.
3291 Bat-l'eau.
3292 La traîne.
3293 Croquis.
3294 Etude.

SUIRE (Louis), né à La Rochelle. — 1, rue des Fonderies, à La Rochelle (Charente-Inférieure).

3295 Le métier à broder.
3296 L'éventail (nature morte).
3297 Paysage.
3298 Croquis.
3299 Croquis.

SULZER (Fréd), né à Winterthur. — Suisse. — 39, rue de Douai, 9e.

3300 Le tricot.

SURÉDA (André), né à Versailles. — 117, rue Notre-Dame-des-Champs (6e).

3301 Les avares.
3302 La rêveuse.
3303 Le teigneux.

SURVAGE (Léopold), né à Wilmanstrand. — Finlandais. — 229, boulevard Raspail (14e).

3304 Paysage (ville).
3305 Paysage (ville).
3306 Paysage (ville).

SUYKENS (Henri), né à Bruxelles. — Belge. — 1, boulevard de Clichy (9e).

3307 Bibelots et fleurs.
3308 Hortensias bleus.
3309 Fleurs et fruits.

SWANZY (Mlle Mary), née à Dublin. — Irlandaise. — Chez M. L. Lefebvre-Foinet, 19, rue Vavin (6e).

3310 Côte d'Irlande.
3311 Les toits.
3312 Bateau de pêcheurs.

SWIECINSKI (Georges-Clément de). — Polonais. — 24, boulevard Raspail (7e).

3313 Ortiz de Zarate (buste polychrome).

SYROVY (Ioza), né à Prerov. — Tchéco-Slovaque. — 37, rue Lamarck (18e).

3314 Les sirènes.
***3315** Portrait de Mme L...
3316 Deux amies.
3317 Acte de femme.
3318 Acte de femme.

TABOURET (Emile), né à Lyon. — 24, rue de la Fidélité (9ᵉ).

3319 Femme aux poireaux en Flandre (Belgique).
3320 Square d'Anvers à Paris.
3321 Un coin de square.
3322 Voyage en cave (les gothas) (dessin).
3323 La cigarette en cave (les gothas) (dessin).

TABOURET (Eugène), né à Paris. — 33 *bis*, rue Lamarck, 18ᵉ.

***3321** Portrait laque moderne (joueuse de banjo) (appartient à l'auteur).
3322 Laque moderne)chat et poissons).
3223 Laque interprétation ancienne.
3324 Table en laque.
3325 Tabouret en laque.

TAQUOY (Maurice), né à Mareuil-sur-Ay (Marne). — 9, rue Paul-Louis-Courier, 7ᵉ.

3326 Longchamp.
3327 Les buses.

TARKHOFF (Nicolas), né à Moscou. — Russe. — Au Buisson-Picard, à Orsay (Seine-et-Oise).

bis {
3327 *a* Fleurs (pivoines).
3327 *b* Paysage.
3327 *c* Au printemps.
3327 *d* Dessin.
3327 *e* Dessin.

TASSENCOURT (Maurice), né à Amiens. — 9, villa Brune (14ᵉ).

3328 Le terme de la course.
3329 Danse (frise décorative).
3330 Les cyprès.
3331 Paysage.
3332 Etude de mains.

TAVERNIER (Julien-Louis), né à Paris. — 22, rue Bonaparte (6ᵉ).

3333 Jeunesse.
3334 La chevelure.
3335 Nu.

TESSON (Louis), né à Paris. — 36, avenue de Châtillon (14ᵉ).

3336 Notre-Dame.
3337 Calvaire breton.
3338 Bonsoir !
3339 Le mendiant (aquarelle).
3340 L'Ane d'or d'Apulée (dessin pour)

TEXCIER (Jean), né à Rouen. — 4, rue Leneveux (14e).

    3341 Via delle Lombardi (Sienne).
    3342 La maison rose (Sienne).
    3343 Sienne.
    3344 Pages d'album.
    3345 Pages d'album.

THAON D'ARNOLDI (Marie), née à Nice. — Lauzenettes-Allinges
(Haute-Savoie).

    3346 Petite fille en vert.
    3347 Nature morte.
    3348 Nature morte.

THÉNARD (Georges-Eugène), né à Paris. — 10, rue de la Butte-
aux-Cailles (13e).

    3349 L'automne à Thiais.
    3350 Rue à Thiais.
    3351 Chrysanthèmes.
    3352 Paysage (pastel).
    3353 Paysage (pastel).

THÉVENET (Pierre), né à Bruges (Belgique). — Belge. — 12, rue
Séguier, 6e.

bis   **3353** a Paysage brabançon.
        3353 b Jardin.
        3353 c Quais.

THIOLLIÈRE (Raymond), né à Roanne. — 20, rue Mazarine (6e).

    3354 La belle heure.
    3355 Paysage (étude).
    ***3356** Portrait de M. X... (appartient à M. X...)

THOMAS (André), né à Malakoff. — 4, rue des Prêtres-St-Séverin (5e)

    3357 Fruits.
    3358 Le poêle.
    3359 Nu.
    3360 Dessin.
    3361 Dessin.

THOREL (Pierre), né à Bordeaux. — Villa Le Monastère, Barbizon
(Seine-et-Marne).

    3362 Portrait de jeune femme.
    3363 Grès et bégonias.

THORNDIKE (Charles), né à Paris. — Américain. — 26, rue
Friant (14e).

    3364 Paysage.
    3365 Paysage.
    3366 Dessin.
    3367 Dessin.

TILL (Andrée), née à Strasbourg. — Française. — 33, rue George-
Sand (16e).

    3368 Gouache.
    3369 Gouache.
    3370 Gouache.
    3371 Gouache.
    3372 Gouache.

TIRMAN (Jeanne-Henriette), née à Charleville. — 22, rue de
l'Yvette (16e).

    3373 Etude.
    3374 Etude.
    3375 Etude.

TIRVERT (Eugène), né à Rouen. — Blainville-Crevon (Seine-Infér.).

    3376 Peinture.
    3377 Peinture.
    3378 Peinture.

TISSOT (Mme Germaine), née à Boulogne-sur-Seine. — 122, rue
La Fontaine (16e).

    3379 Femme à sa toilette.
    3380 Paysage limousin.
    3381 Le modèle.
    3382 Le turban vert (pastel).
    3383 Femme au ruban bleu (pastel).

TISSOT-DUPONT (Marcel), né à Paris. — 94, cours de Vincennes (12e).

    3384 Nocturne.
    3385 Bords de l'Yerrès à Crosne.

TOLEDO-PIZA (Domingos), né à Sao-Paulo (Brésil). — Brésilien. —
117, rue Notre-Dame-des-Champs (6e).

    3387 Les bouleaux.
    3388 Le jardin à Desmont.
    3389 La route de Cœuvres.

TORNIER (Pierre-Georges), né à Paris. — 57, rue de Dunkerque (9e).

3390 Aquarelle (œillets).
3391 Aquarelle (lilas).
3392 Aquarelle (nature morte).
3393 Aquarelle (paysage) (Chapouval).
3394 Aquarelle (paysage peupliers).

TOUCHAGUES (Louis), né à Saint-Cyr-au-Mont-d'Or. — 15, rue de la Grange-Batelière (9e).

***3395** Portrait du peintre Marcel Lenoir.
3396 Le Moulin de la Galette.
3397 La Danse pour toi.

TOUCHET dit MONTLÉO (Léopold-Jacques-Maxime), né à Ifs, près Caen. — Douvres-la-Délivrande (Calvados).

***3398** La vallée de l'Orne (appartient à l'auteur).
***3399** Vieux pont à Reviers (Calvados) appartient à l'auteur.
***3400** Paysage à la Tournerie (Orne) appartient à l'auteur.

TOZZI (Mario), né à Suna (Lac Majeur). — Italien. — 44, rue de Rennes (6e).

3401 A l'ombre des marronniers.
3402 Au soleil.

TREZEL (Edith), née au Raincy. — 5, rue de l'Alboni (16e).

3403 Vasque de marbre.
3404 Chrysanthèmes de Chine.
3405 Piments.

TRIBEL (Charles), né à Mulhouse. — Français. — 200, route de Versailles, à Billancourt.

3406 Rochers (côte bretonne).
3407 La falaise (côte bretonne).
3408 La crique (côte bretonne).
3409 La Seine à Meudon.
3410 Le tournant.

TRIPELS (Fréd.), né à Aubervilliers. — 14, rue du Progrès, à Asnières (Seine).

3411 Peinture.
3412 Peinture.
3413 Peinture.

TROCHAIN (Maurice-Pierre), né à Eu (Seine-Inférieure). — 15, rue Bernouilli (8e).

3414 La barque verte (neige).
3415 Les barques, Loguivy (Côtes-du-Nord).
3416 Jeune femme en blanc.
3417 Marine, Bréhat (Bretagne).
3418 Marine, Loguivy (Bretagne).

TRUC (Alfred), né à Constantine. — 201, boulevard Voltaire (11e).

3419 Décoration de robe.
3420 Décoration de robe (danse).

JULLIA (Mlle), née à Naples. — Italienne. — 15, rue Henri-Martin, 16e.

3421 Portrait de l'artiste.
3422 Répétition de danse.
3423 Nature morte.

ULLMAN (Eugène-Paul), né à New-York. — Américain. — 24, rue Denfert-Rochereau (5e).

3424 Jeune fille brune.
3425 Femme et enfant.

URBAIN (Alexandre), né à Sainte-Marie-aux-Mines. — 21, quai de Bourbon (4e).

3426 Coup de mistral.
3427 Paysage.
3428 Bord de mer.
3429 Sépia.
3430 Sépia.

UTRILLO (Maurice), né à Paris. — 12, rue Cortot (18e).

3431 Eglise de Villejuif (Seine).
3432 Notre-Dame de Paris.

UTTER (André), né à Paris. — 12 rue Cortot (18e).

3433 Nature morte.

VAL (Mme Val-Synave), née à Saint-Josse (Belgique). — Française. — 96, avenue des Ternes (villa des Ternes) (17e).

3434 Etude.
3435 Fleurs de Bréhat.
3436 Etude.

VALADON (Suzanne), née à Limoges. — 12, rue Cortot (18e).

***3437** Nu (appartient à M. G. Aubry).

VALENSI (Henry), né à Alger. — 8, rue de Maistre (18e).

3438 Expression de l'auto sur la route.
3439 Expression du bonheur simple.
3440 Expression du Mont-Blanc vu de Chamonix.
3441 Expression des églises de Troyes (étude) (aquarelle).
3442 Expression de La Forêt et les cathédrales (étude) (aquarelle).

VALLÉE (Ludovic), né à Paris. — 77, boulevard St-Marcel (13e).

3443 Juin.
3444 Plein air.
3445 Plein air.
***3446** Modèle de billet de banque de la Trésorerie aux armées.
3447 Dessin.

VALTAT (Louis), né à Dieppe. — 32, avenue de Wagram (8e).

3448 Les livres.
3449 Pensées et tulipes.
3450 Bouquet fané.

VAN HOUTEN (Georges), né à Anvers (Belgique). — Belge. — 19, boulevard Berthier, 17e.

***3450** *bis* Palais de danse (appartient à M. Wengel, de Copenhague).

VAN MALDÈRE (Raoul), né à Marseille. — 10, rue Rochechouart (9e).

3451 Mas en Provence.
***3452** Portrait (appartient à M. M. B...)
3453 Bords de l'étang de Berre.
3454 Coin du port de Marseille (apuarelle).
3455 Près Marseille (aquarelle).

VARENNE (Gaston), né à La Roche-sur-Yon. — 31, rue de Turin (8e)

3456 La forêt le soir.
3457 Après le coucher du soleil.
3458 Prés au soleil.

VASNIER (Charles), né à Caen. — 7, boulevard de Clichy (9e).

3459 Nu couché.
3460 La robe jaune.
3461 Dans les coussins.
3462 Rêverie.
3463 L'attente.

VASSEROT (Pierre-François), né à Poissy. — 11, rue Boissonade (14ᵉ).

3464 Nu.
3465 Terrasse.
3466 Le toit de chaume.
3467 Dyonisies d'automne (esquisse pastel).
3468 Isyphe maquette (statuette plâtre patiné, exemplaire unique).

VASSILIEFF (Marie), née en Russie. — Russe. — 21, avenue du Maine (15ᵉ).

3469 La foire.
3470 Composition.
3471 Toile.
3472 Poupées (chiffon).

VAUCLEROY (Pierre de), né à Bruxelles. — Belge. — 306, avenue Louise, à Bruxelles (Belgique).

3473 Nu.
3474 Banlieue de Bruxelles.
3475 Font Sainte-Corneille.
3476 Courtisanes (gravure sur bois).
3477 Hiver en Brabant (gravure sur bois).

VAURY (Mad), né à La Varenne-St-Hilaire. — 7, rue Dutot (15ᵉ).

3478 Paris (Institut Pasteur).
3479 Clamart.
3480 Environs de Clermont-Ferrand.
3481 Route de Montaigu-le-Blanc (gravure sur bois).
3482 Plusieurs gravures sur bois.

VAUTIER (André), né à Paris. — 108, avenue du Maine, 14ᵉ.

3483 Le vieux Menton.
3484 Mimosas.
3485 La vieille ville à Menton.
3486 La fable du héron (aquarelle).
3487 Fin de jour à Recloses (pastel).

VÉDER (Eugène-Louis), né à St-Germain-en-Laye. — 47, rue Vercingétorix (14ᵉ).

3488 Vue de Paris.
3489 Vue de Paris.
3490 Vue de Paris.
3491 Vue de Paris.
3492 Vue de Paris.

VEIL (Maurice), né à Paris. — 66, rue de Saintonge, (3ᵉ).

3493 Rochers et oliviers (Anduze).
3494 Le mas cévenol.
3495 Les rochers d'Anduze.

VEILLARD (Elisée-Waldeck), né à Vitré. — 3, rue du Maine, à Asnières.

3496 Plat.
3497 Coupe.
3498 Petit plat à oreilles.
3499 Bonbonnière.
3500 Cendrier.

VEILLET (Alfred), né à Ezy (Eure). — Rolleboise, par Bonnières-sur-Seine (Seine-et-Oise).

3501 Paysage.
3502 Bras de Seine (paysage).
3503 Rolleboise (paysage).
3504 La Seine (aquarelle).
3505 Paysage (aquarelle).

VERDIER (Aimé), né à Paris. — 10, place d'Italie (13ᵉ).

3506 Les trois bacchantes.
3507 Les paons.
3508 Nature morte.
3509 Broderie (perroquet).
3510 Peinture et broderie.

VERDILHAN (André), né à Marseille. — 10, rue des Beaux-Arts, Paris, et 4, rue Lanthier, Marseille.

bis { **3510** *a* Entrée du port.
{ **3510** *b* Vieux port de Marseille.
{ **3510** *c* Quatre mats (vieux port).

VERDILHAN (Louis-Mathieu), né à Saint-Gille (Gard). — Galerie la Licorne, 110, rue de La Boétie (8ᵉ).

3511 La place au soleil.
3512 Le pavillon tricolore.
3513 Le pavillon italien.

VERDOU (Georges), né à Cabrerets (Lot). — 6, rue de la Jussienne (2ᵉ).

3514 L'allée des Tilleuls à Reims.
3515 Soleil couchant sur la Marne.
3516 Petite rivière en hiver.
3517 L'abbaye en ruines (aquarelle).
3518 Nu (crayons de couleur).

VÉRECQUE (Georges-Amédée), né à Montauban. — 76, rue de
Rennes (6e).

3519 Paysage du Rouergue.
3520 La porte du vieux pont à Moret-sur-Loing.
3521 Jardin du Luxembourg.
3522 Vieilles maisons sur le Lot à Capdenac (aquarelle).
3523 Les tanneries à Verdun avant guerre (aquarelle).

VERGER (L. P. S. N.) (André), né à Paris. — 128, boulevard de
Courcelles (17e).

3524 Paysage du Pas-de-Calais.
3525 Paysage du Pas-de-Calais.
3526 Paysage du Pas-de-Calais.
3527 Barques à marée basse (Bretagne) (sépia).
3528 L'entrée du port (Bretagne) (sépia).

VERHOEVEN (Jean). — 13, rue Girardon, 18e.

bis
3528 a Figure.
3528 b Malgaches.
3528 c Hindoue.
3528 d Aquarelle.
3528 e Dessin.

VIBERT (Gaston-Charles), né à Paris. — 28, rue de Sévigné, à
Sucy-en-Brie (Seine-et-Oise).

3529 Révélation.
3530 Provocation.
***3531** Portrait de M. Cl... (appartient à M. Cl...).
3532 Etude (tête de femme).
3533 Etude.

VILA (Emilio), né à Llagostera. — Espagnol. — 6, rue Titon (11e).

3534 Devant la nature (Auvergne).
3535 Petite gardeuse de vaches (Auvergne).
3536 Suzy.
3537 Vieille femme (Catalogne).

VILLARD (Antoine), né à Mâcon. — 19, boulevard Victor (15e).

3538 La maison.
3539 Nature morte.

VILLARD (Robert), né à Paris. — 19, boulevard Victor (15e).

***3540** Les quais à Nantes (appartient à M. Eugène
Merle).

VILLERS (Gaston de), né à Bruxelles. — Français. — 81, avenue de
Malakoff (16e).

3541 Baigneuse.

VISCONTE (Henri), né à Bucarest. — Roumain. — 4, rue de
Liège (8e).

*3542 Miss June Pratt.
*3543 Mme Marco-Vici.
3544 Luna-Park.
3545 Gouache.
3545 *bis* Gouache.

VIVREL (André-Léon), né à Paris. — 65, rue Caulaincourt (18e).

3546 La robe jaune.
3547 Les coquelicots.
3548 Les chrysanthèmes.
3549 Nature morte (pastel).
3550 Etude de nu.

VOGELWEITH (Adolphe), né à Guebwiller (Alsace). — Français —
11, boulevard de Clichy (9e).

3551 La Rochelle.
3552 Notre-Dame.
3553 Figure.

VOGUET (Léon), né à Paris. — 5, rue du Docteur-Blanche (16e).

3554 Nu.
3555 Femme en bleu.
3556 Nature morte.
3557 Nu (dessin).
3558 Nu (dessin).

VOILAND (Léon), né à Bains (Vosges). — 36, rue Hallé (14e).

3559 Dahlias.
3560 Dahlias.
3561 Soucis.

VOULOT (Félix), né à Altkirch (Alsace). — Français. — 14, rue
Boissonade (14e).

3562 Le pont des Arts.
3563 Saint-Germain-sur-Ille.
3564 La Marne à Créteil.

VUITTON (Gaston-Louis), né à Asnières. — 15, rue de la Comète,
à Asnières.

3565 Le chemin creux à Celan-en-Nevez (Finistère).

WAGNER (Henri-Konrad), né à Lieurey (Eure). — 220, avenue du Maine (14e).

3566 Dessin.
3567 Dessin.
3568 Dessin.
3569 Gravure.
3570 Gravure.

WAROQUIER (Henry de), né à Paris. — 7, place du Panthéon (5e).

3571 L'église de Montsols.
3572 Paysage.
3573 L'église de Germolles.
3574 L'église d'Entrevaux.
3575 Paysage.

WEISMANN (Jacques), né à Paris. — 11, boulevard Péreire (17e).

3576 Etude.
3577 Etude.
3578 Etude.
3579 Etude.
3580 Etude.

WEGENER (Mme Gerda), née à Hammelev (Danemark). — Danoise. — 33, rue du Champ-de-Mars (7e).

3581 La dame aux gants noirs.
3582 Ninon.
3583 Portrait du peintre Einar.
3584 Venise (dessin).
3585 Le ballet suédois (gouache).

WULFART (Max), né en Lettonie. — Letton. — Atelier : 235, faubourg Saint-Honoré ; 11, avenue du Roule, à Neuilly-sur-Seine.

3586 La danse.
3587 Pêcheurs.
3588 Lavandières.
3589 Décoration (allégorie).
3590 Décoration.

YOURIÉVITCH (Serge), né à Paris. — Russe. — 34, rue Michel-Ange (16e).

3591 Symphonie humaine du mime Tarina (plâtre).
3592 Rêverie (marbre).
3593 Le sphynx (marbre).
3594 Etude.
3595 Etude.

YSERN Y ALIE (Pierre), né à Barcelone. — Espagnol. — 130 *ter*, boulevard de Clichy (18e).

3596 Danseuses gitanes.
3597 Quadrille à Tabarin.
3598 Danseuse.
3599 Femme au drapeau bleu (pastel).
3600 Tête de femme (pastel).

ZADKINE (Osip), né à Smolensk. — Russe. — 35, rue Rousselet (7e).

3601 Le tigre (bois).
3602 La guitariste (bois laqué).
3603 Le baiser (pierre).
3604 Composition (aquarelle).
3605 Bruniquel (paysage).

ZELGER (Gaston), né à Cognac. — 48, rue des Écoles (5e).

3606 Jeune fille protégeant une licorne (sculpture).
3607 Manette (buste) (sculpture).
3609 Arbre au toit rouge (aquarelle).
3610 Paysage dans le Jura (aquarelle).

ZINET (André), né à Lausanne. — Suisse. — 2, rue Lamarck (18e).

3611 Glace et pot Empire (nature morte).
3612 Portrait jeune fille.
3613 Les capucines (nature morte).

ZINGG (Jules-Emile), né à Montbéliard. — 3, villa Brune (14e).

***3614** Panneau décoratif (appartient à M. C...).
3615 Paysage.

ZAVADO (Jean), né à Cracovie. — Polonais. — 8, rue de la Grande-Chaumière (6e).

3616 Portrait de M. Sergent.
3617 Composition.
3618 Portrait.

ZELIKSON (Serge), né à Polotsk. — Lithuanien. — 41, rue Monge (5e)

3619 Tête d'enfant (plâtre).
3620 Tolstoï (bronze).
3621 Une vitrine contenant douze bronzes.

ZOANTAL-BEAU (Antoinette), née à Paris. — 8, rue Nouvelle (9°).

3624 Billet du matin.
3625 Tête d'enfant (étude).
3626 Nature morte (marguerites).

ZOPFF (Mathilde), née à Strasbourg. — Française. — 4 *bis*, rue Michel-Chasles (12°). —

3627 Tulipes.
3628 Coin de forêt.
3629 Paysage.
3630 Rue de Zermatt (Suisse) (aquarelle).
3631 Dessin.

3632 à **3700** voir pages 93, 94 et 5.

La Société des *"Artistes Indépendants"*, basée sur la suppression des Jurys d'admission, accueille les œuvres de tous les artistes vivants.

Pour en faire partie, demander tous renseignements, par lettre, au siège social, 18, rue Mazarine.

Permanence *tous les samedis*, de 2 heures à 5 heures (sauf pendant l'Exposition au Grand Palais et les mois de juillet, août et septembre).

Pour pouvoir participer à l'Exposition prochaine, se faire inscrire avant le 1er Novembre.

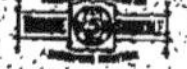

L'ÉMANCIPATRICE, 3, RUE DE PONDICHÉRY, PARIS (XVe) — 4246-1-21